LIBERDADE ECONÔMICA GLOBAL

Criptoativos e Elisão Fiscal Internacional

Oseas Matos Soares

Liberdade Econômica Global
Criptoativos e Elisão Fiscal Internacional

Autoria: Oseas Matos Soares
Edição: Fernando Schwarz
Prefácio: Dra. Laura Hardt
Ilustrações: Rafael Souza
Introdução: Profª. Helena Neumann

Editora: Aba Finance

Contato: hello@aba.finance

Publicação: Amazon

Edição: 1ª

Data de Publicação: novembro de 2024

ISBN: 979-8343002232

Resumo

Este livro aborda como os criptoativos e estratégias de elisão fiscal internacional podem ser utilizados para alcançar maior liberdade econômica, especialmente por residentes fiscais brasileiros.

Explica conceitos fundamentais de liberdade econômica, discute o impacto dos criptoativos no cenário financeiro global e apresenta exemplos práticos de estratégias de elisão fiscal, sempre dentro dos limites legais.

A obra é um guia abrangente para entender e aproveitar os benefícios dos criptoativos em um mundo cada vez mais digital.

Dedicatória

À minha família, que sempre me apoiou incondicionalmente em todas as minhas jornadas, mesmo quando os desafios pareciam insuperáveis, e a todos os pioneiros da liberdade econômica que ousam buscar um mundo mais conectado, justo e livre de barreiras injustificadas.

Este livro é dedicado a vocês, que acreditam na mudança e na construção de um futuro mais próspero e acessível para todos. Que este trabalho inspire aqueles que têm a coragem de imaginar um mundo sem fronteiras econômicas e com oportunidades reais para todos os cidadãos, independentemente do local de nascimento.

Agradecimentos

Quero expressar minha profunda gratidão a todos que contribuíram direta ou indiretamente para a realização deste projeto.

Em primeiro lugar, gostaria de agradecer aos especialistas em criptoativos e elisão fiscal que gentilmente compartilharam seu conhecimento e experiência, fornecendo insights inestimáveis que enriqueceram o conteúdo deste livro.

Aos meus colegas e amigos que me incentivaram a cada passo do caminho, meu sincero agradecimento por sua paciência e apoio constante.

À empresa Aba Finance, agradeço por acreditar na relevância deste tema e na importância de promover uma educação financeira que possibilite uma verdadeira liberdade econômica.

Minha gratidão se estende também à minha dedicada equipe de pesquisa, cujo trabalho árduo, minuciosidade e espírito inovador foram fundamentais para a elaboração desta obra.

Aos leitores que acompanharam cada etapa, desupostamentesde as ideias iniciais até a concepção final deste livro, agradeço pelas críticas construtivas e sugestões valiosas.

Espero que esta obra contribua significativamente para a jornada de cada um rumo a uma maior autonomia financeira e compreensão do papel dos criptoativos e da elisão fiscal na construção de um mundo mais justo.

Por fim, minha gratidão se estende àqueles que acreditam na liberdade econômica como um direito fundamental.

Que este livro seja um passo a mais na nossa jornada coletiva em direção à liberdade econômica global e à superação dos desafios impostos pelo sistema financeiro tradicional.

Juntos, podemos transformar o cenário econômico, promover inovação e criar um futuro em que todos tenham a possibilidade de prosperar e alcançar seus objetivos pessoais e financeiros.

Índice

Prefácio	15
Introdução	19
Capítulo 1: Introdução À Liberdade Econômica Global	
1. Definição e Conceito de Liberdade Econômica	24
2. História da Liberdade Econômica	24
3. Globalização e Seu Impacto na Liberdade Econômica	25
4. Políticas que Incentivam a Liberdade Econômica	25
5. Liberdade Econômica Versus Intervenção Estatal	26
6. O Papel dos Governos na Economia Global	26
7. Relação entre Liberdade Econômica e Desenvolvimento Social	27
8. Indicadores Sul-Americanos e Globais de Liberdade Econômica	28
9. Países Sul-Americanos e Globais Líderes em Liberdade Econômica	29
10. Os Desafios da Liberdade Econômica no Século XXI	29
Capítulo 2: Entendendo Criptoativos no Contexto Global	

1.	Definição de Criptoativos e Blockchain	31
2.	A Evolução do Bitcoin e das Altcoins	32
3.	Criptoativos como Forma de Liberdade Financeira	34
4.	Prós e Contras do Uso de Criptoativos	36
5.	Criptomoedas e a Desburocratização Financeira	38
6.	Regulação de Criptoativos ao Redor do Mundo	39
7.	Adoção Institucional de Criptoativos	40
8.	O Papel das Stablecoins na Economia Global	41
9.	Tokenização de Ativos e Seus Impactos Econômicos	42
10.	Riscos de Segurança e Volatilidade dos Criptoativos	43

Capítulo 3: Fundamentos da Elisão Fiscal Interestatal

1.	Diferença entre Evasão e Elisão Fiscal	46
2.	Ética da Elisão Fiscal	47
3.	Instrumentos Jurídicos de Elisão Fiscal	48
4.	Jurisprudência sobre Elisão Fiscal no Brasil	50
5.	Aspectos Internacionais da Elisão Fiscal	51

6.	Tratados para Evitar Dupla Tributação	52
7.	Estruturas de Holdings Internacionais	53
8.	Offshores e Suas Vantagens Fiscais	54
9.	Compliance e Elisão Fiscal	55
10.	Exemplos Práticos de Elisão Fiscal para Brasileiros	57
Capítulo 4: Residência Fiscal e Mobilidade Global		
1.	Definição de Residência Fiscal	60
2.	Regras de Residência Fiscal no Brasil	61
3.	Conceito de "Residência Fiscal Interestatal"	62
4.	Mudança de Residência Fiscal: Vantagens e Desafios	63
5.	Países Sul-Americanos e Globais com Maior Atratividade Fiscal	64
6.	Mobilidade Interestatal e Otimização Fiscal	65
7.	Como Evitar a Dupla Residência Fiscal	66
8.	Requisitos para Mudar a Residência Fiscal de Forma Segura	67

9.	Impactos Familiares da Mudança de Residência Fiscal	68
10.	Desafios Jurídicos na Migração Fiscal	69

Capítulo 5: Jurisdições com Vantagens Fiscais para Brasileiros		
1.	O que São Paraísos Fiscais	72
2.	Características das Jurisdições Favoráveis	73
3.	Exemplos de Países com Baixa Tributação	74
4.	Vantagens de Residir em Países como Malta, Estônia, Emirados Árabes	75
5.	Requisitos Legais para Mudança para um Paraíso Fiscal	76
6.	Tratados Internacionais Envolvendo Paraísos Fiscais	78
7.	Cuidados ao Escolher uma Jurisdição com Benefícios Fiscais	79
8.	Fatores de Risco de Residir em Paraísos Fiscais	80
9.	Regras de Reporte Automático de Informações Financeiras	81
10.	O Impacto da OCDE e do CRS	82

Capítulo 6: Elisão Fiscal e Legislação Brasileira

1.	Imposto de Renda para Pessoa Física	85
2.	Estrutura Tributária Brasileira	86
3.	Portaria RFB sobre Controle de Criptoativos	87
4.	Estratégias Legais de Elisão no Brasil	88
5.	Holding Patrimonial como Ferramenta de Elisão	89
6.	Trusts e Sua Relação com a Legislação Brasileira	91
7.	Direitos e Obrigações de Declarantes de Ativos no Exterior	92
8.	Normas sobre Investimentos Internacionais	93
9.	Restrições e Penalidades para Evasão Fiscal	94
10.	Controvérsias sobre o Conceito de Elisão Fiscal no Brasil	95

Capítulo 7: Offshores e Holdings Internacionais

1.	O que São Offshores e Sua Finalidade	97
2.	Benefícios Fiscais e Operacionais das Offshores	98
3.	A Estrutura de Holdings Internacionais	99
4.	Planejamento Patrimonial com Holdings	100

5.	Países Populares para Abrir Offshores	101
6.	Relação entre Holding e Sucessão Patrimonial	103
7.	Compliance e as Exigências para Empresas Offshore	103
8.	Holding Familiar e Blindagem Patrimonial	105
9.	Tributação de Dividendos de Offshores	105
10.	Riscos e Práticas de Governança para Offshores	106

Capítulo 8: Trusts, Fundos de Investimento e Proteção de Patrimônio

1.	Definição de Trusts e Seus Usos	109
2.	Diferenças entre Trusts e Holdings	110
3.	Trusts no Contexto Interestatal e Suas Vantagens	111
4.	Fundos de Investimento como Ferramenta de Planejamento	112
5.	Proteção Patrimonial através de Trusts	113
6.	Planejamento Sucessório com Fundos e Trusts	114
7.	Questões Tributárias dos Trusts para Brasileiros	115
8.	Compliance na Criação de Trusts	115
9.	Fundos Offshore e os Benefícios para Investidores	116

10.	Desafios Jurídicos para a Implementação de Trusts no Brasil	117
Capítulo 9: Instrumentos de Elisão Fiscal para Brasileiros		
1.	Participação em Sociedades Sul-Americanas e Globais	120
2.	Aplicação em Criptoativos para Elisão Fiscal	121
3.	Segmentos de Mercado Interestatal Vantajosos	122
4.	Transfer Pricing e Suas Possibilidades	123
5.	Estratégias de Minimização de Impostos Indiretos	124
6.	Investimentos em Imóveis no Exterior	125
7.	Acordos de Compartilhamento de Renda	126
8.	Tratados para Evitar Bitributação e Como Utilizá-los	128
9.	Gestão de Riscos de Auditoria	129
10.	Compliance e Prática da Elisão Fiscal para Brasileiros	130
Capítulo 10: Criptoativos e a Elisão Fiscal		
1.	Criptoativos como Forma de Evasão e Elisão	132
2.	Relatórios Obrigatórios para Criptoativos no	133

	Brasil	
3.	Offshore e Carteiras de Criptoativos	134
4.	Troca Descentralizada (DEX) e Anonimato	135
5.	Criptomoedas Estáveis como Ferramentas Fiscais	136
6.	Tributação de Lucros com Criptoativos	138
7.	Ferramentas para Monitorar Criptoativos	139
8.	Custódia em Carteiras Frias e Segurança Patrimonial	140
9.	Riscos de Sanções e Compliance	141
10.	O Futuro da Regulação de Criptoativos no Brasil	142
Capítulo 11: Acesso a Serviços Financeiros Internacionais		
1.	Bancos Sul-Americanos e Globais e Contas Offshore	144
2.	Uso de Contas Multimoedas	145
3.	Transferência de Dinheiro com Baixa Tributação	146
4.	Soluções Financeiras Descentralizadas (DeFi)	147
5.	Plataformas Peer-to-Peer para Transferências Financeiras	149

6.	Estratégias de Interestatalização Financeira	150
7.	Abertura de Contas em Bancos Digitais	151
8.	Benefícios de Contas em Diferentes Jurisdições	152
9.	Meios de Pagamento Alternativos	153
10.	Compliance e Controles sobre Contas Globais	154

Capítulo 12: Estratégia de Autodefesa Bélica e Proteção Patrimonial

1.	Autodefesa Bélica e a Proteção Patrimonial	157
2.	Mobilidade Interestatal e Segurança Pessoal	158
3.	Impactos da Autodefesa no Planejamento de Multi-Residência	160
4.	Segurança Patrimonial e Preparação Contra Colapsos Sociais	161
5.	Aspectos Éticos e de Reputação	163
6.	Compliance e Requisitos Legais em Diferentes Jurisdições	164
7.	Tecnologia e Segurança Pessoal	165
8.	Treinamento e Responsabilidade na Posse de Armas	166
9.	Estratégias de Blindagem Patrimonial e o Papel da	167

	Autodefesa	
10.	O Futuro da Autodefesa Bélica no Contexto da Multi-Residência	168
Capítulo Final: Reflexões e Considerações Práticas		
1.	Conclusões sobre Liberdade Econômica e Elisão Fiscal	170
2.	A Importância do Planejamento Patrimonial Global	171
3.	Passos Práticos para Implementação de Estratégias de Elisão	173
4.	Como Proteger Ativos com Eficiência e Segurança	174
5.	Perspectivas Fiscais Futuras e o Papel dos Criptoativos	176
6.	Como Manter-se Atualizado com a Regulação Fiscal e Cripto	177
Glossário		180
Sobre o Autor		184

Prefácio

Este livro surge em um momento em que o controle governamental sobre a economia e a vida dos indivíduos nunca foi tão implacável. Vivemos em uma era marcada pelo avanço de tecnologias de vigilância que monitoram cada aspecto de nossas vidas, pela tributação abusiva que drena nossas riquezas e por um sistema financeiro global dominado e manipulado por moedas fiduciárias controladas por governos e instituições centralizadas.

Mais do que nunca, se faz necessário buscar alternativas que nos permitam restaurar nossa liberdade econômica e recuperar o poder sobre nossas próprias finanças. O leitor é convidado a explorar as ferramentas disponíveis para conquistar essa independência, com destaque para as criptomoedas e os instrumentos de elisão fiscal, que oferecem uma via de escape e uma forma de resistência contra o aparato opressor estatal que busca controlar cada aspecto de nossa existência.

Os desafios que enfrentamos hoje em dia são amplificados pela tecnologia, que, ao mesmo tempo que trouxe inovações e conectividade, também permitiu aos governos desenvolverem mecanismos de monitoramento em massa e controle de nossas atividades financeiras. Essa situação representa uma grave ameaça à liberdade individual e à privacidade, características essenciais para a autonomia e prosperidade dos cidadãos.

As criptomoedas e os criptoativos, em geral, surgem como ferramentas poderosas de resistência, permitindo transações financeiras sem intermediários e fora do controle direto de instituições estatais. Este livro é um guia para todos aqueles que desejam se libertar dessas amarras e buscar uma nova maneira de interagir com o sistema financeiro global, de forma mais livre e descentralizada.

Este livro é um manifesto a favor da soberania individual, da defesa de patrimônios e da busca pela verdadeira liberdade econômica. Não se trata apenas de um manual técnico sobre criptoativos ou sobre como reduzir a carga tributária de forma inteligente; é também uma jornada filosófica sobre os princípios de liberdade, descentralização e resistência ao controle excessivo do Estado. Aqui, o leitor encontrará uma combinação única de estratégias práticas e reflexões profundas, que não apenas visam orientar sobre as melhores práticas para proteger o patrimônio e minimizar tributos, mas também inspirar uma nova forma de pensar a relação entre o indivíduo e o Estado.

Queremos que o leitor saia deste livro não apenas com mais conhecimento, mas também com a motivação necessária para agir e implementar mudanças em sua vida financeira que o conduzam a um maior nível de independência e autonomia.

O leitor encontrará aqui um guia prático e filosófico, combinando estratégias concretas com reflexões profundas sobre a natureza do controle governamental e a necessidade de descentralização.

Exploraremos juntos as possibilidades trazidas pela tecnologia blockchain, que permite um sistema financeiro independente, e as formas como podemos proteger nossos ativos de políticas tributárias abusivas e da constante erosão do valor causada pela inflação.

Mais do que uma abordagem técnica, este prefácio é um convite à reflexão: estamos prontos para tomar o controle de nossas finanças e, por extensão, de nossas vidas? Ao longo deste livro, vamos entender como o

Estado utiliza o sistema financeiro para manter controle sobre os cidadãos e como podemos, através de planejamento, mobilidade e uso de tecnologias disruptivas, escapar desse ciclo de opressão financeira.

Além disso, não podemos ignorar que a inflação, o aumento contínuo dos preços e a perda do poder de compra representam uma forma sutil de expropriação. O dinheiro que temos em nossas mãos, com o passar do tempo, vale cada vez menos devido à manipulação governamental da política monetária.

Essa realidade obriga cada um de nós a buscar alternativas para proteger o valor de nosso trabalho e nossos investimentos. Este livro oferece um caminho para essa proteção por meio da compreensão de como funcionam as criptomoedas e as ferramentas de elisão fiscal. Queremos que cada leitor tenha em mãos os meios para entender o sistema atual, visualizar suas fraquezas e, então, utilizar estratégias que lhes garantam mais segurança e autonomia.

Este é o momento de pensar de forma crítica e buscar soluções inovadoras. Mais do que uma simples introdução a criptoativos, este livro é um convite para que cada pessoa assuma a responsabilidade por sua própria liberdade econômica e tome medidas práticas para se proteger dos abusos dos sistemas centralizados. É uma jornada de transformação e resistência, e estamos animados para compartilhar esse caminho com você.

Introdução

Exploraremos as ideias centrais do livro: as limitações do sistema monetário fiduciário, os perigos do socialismo, comunismo e do progressismo estatal. A moeda fiduciária, que é imposta pelos governos e que não possui lastro em ativos reais, se tornou um imposto oculto, corroendo o valor e a liberdade dos indivíduos por meio da inflação e da manipulação da oferta monetária.

Essa inflação forçada age como uma forma de roubo silencioso, drenando o poder aquisitivo das pessoas comuns e perpetuando um ciclo de dependência em relação ao sistema financeiro controlado pelo Estado.

Para escapar dessa prisão monetária, precisamos não apenas de conhecimento, mas também de ferramentas práticas que nos permitam desafiar essa ordem estabelecida. Precisamos compreender as oportunidades de elisão fiscal e como as criptomoedas representam a nossa melhor defesa contra essa realidade.

As criptomoedas oferecem uma alternativa poderosa ao sistema tradicional, pois permitem transações ponto a ponto sem a necessidade de intermediários que possam ser regulados ou controlados pelo governo.

Este livro vai explicar, passo a passo, como essa tecnologia pode ser usada não apenas para armazenar valor de forma segura, mas também para realizar operações internacionais, evitar as limitações impostas pelas instituições financeiras tradicionais e manter o controle sobre o próprio dinheiro.

Falaremos sobre o funcionamento do blockchain, as diferenças entre as principais criptomoedas disponíveis no mercado e como escolher as melhores opções para suas necessidades específicas, sempre focando na segurança e na privacidade.

Discutiremos as ferramentas que existem para minimizar a tributação, protegendo o poder aquisitivo e as economias dos indivíduos. Em um contexto de regulações crescentes e impostos abusivos, a mobilidade global e o uso de criptoativos se tornaram não apenas uma opção, mas uma necessidade para aqueles que desejam preservar sua liberdade. Este livro fornecerá uma análise detalhada de como escolher a melhor jurisdição para residir, como estruturar seus investimentos e negócios de maneira a minimizar o impacto dos tributos e como utilizar a tecnologia blockchain e as criptomoedas para garantir um nível de privacidade e segurança que simplesmente não é possível dentro do sistema financeiro tradicional.

Cada estratégia apresentada será analisada não apenas em termos de eficácia, mas também levando em consideração os riscos envolvidos e como mitigá-los de forma responsável.

Falaremos sobre a importância de se manter informado sobre as mudanças regulatórias e como o planejamento adequado pode ajudar a evitar surpresas desagradáveis, como impostos inesperados ou complicações jurídicas.

Em um cenário em que os governos estão cada vez mais ávidos por arrecadação, é fundamental que o indivíduo esteja preparado para utilizar todas as estratégias legais disponíveis para reduzir sua carga tributária.

Exploraremos as diversas opções de elisão fiscal que existem ao redor do mundo, destacando as melhores práticas para o uso de offshores, trusts e outras estruturas que podem oferecer proteção de patrimônio e eficiência tributária.

O uso inteligente dessas ferramentas não é apenas uma questão de economia, mas também de sobrevivência financeira em um mundo cada vez mais hostil ao sucesso individual.

Além de apresentar estratégias de elisão fiscal, este livro também mergulha nas implicações legais e práticas de mover parte ou toda a sua vida financeira para um ambiente mais favorável.

Discutiremos o conceito de mobilidade global e como cada vez mais pessoas estão se tornando nômades digitais, não apenas em busca de melhores oportunidades econômicas, mas também para escapar das restrições e obrigações tributárias desvantajosas de seus países de origem.

Serão oferecidas diretrizes sobre como escolher a jurisdição certa para seu perfil, além de uma análise comparativa das vantagens e desvantagens dos principais destinos fiscais que estão disponíveis atualmente.

O objetivo desta introdução é preparar você, leitor, para as práticas e estratégias que serão abordadas nos próximos capítulos, fornecendo o contexto histórico e filosófico que dá suporte à ideia de liberdade econômica e elisão fiscal como formas de resistência e afirmação da soberania individual.

Para isso, iremos abordar o histórico da moeda fiduciária e como ela se tornou um instrumento de controle estatal; exploraremos os desafios enfrentados por aqueles que desejam buscar alternativas; e forneceremos exemplos práticos de como indivíduos ao redor do mundo estão utilizando criptomoedas e estratégias de planejamento tributário para proteger suas economias.

Ao final deste livro, esperamos que você esteja não apenas mais informado, mas também empoderado para tomar decisões que protejam sua liberdade econômica e garantam um futuro mais seguro para você e sua família.

Também discutiremos os riscos associados a essas práticas e como minimizá-los. A elisão fiscal, embora seja legal, muitas vezes atrai atenção indesejada dos governos, e a utilização de criptoativos também envolve riscos relacionados à segurança digital e à volatilidade de mercado.

Assim, dedicaremos parte deste livro a explicar como fazer uso seguro dessas ferramentas, desde a escolha de jurisdições amigáveis até a implementação de práticas de segurança para proteger seus ativos digitais.

Com o crescimento da vigilância financeira e das regulamentações internacionais, é essencial estar um passo à frente, compreendendo não apenas as vantagens, mas também os cuidados necessários para evitar complicações futuras. Cada capítulo oferecerá orientações claras sobre como evitar armadilhas comuns e como se proteger em um ambiente digital em constante transformação.

Este é um livro para aqueles que desejam sair da rota tradicional e construir uma vida verdadeiramente independente. Cada capítulo foi elaborado para fornecer conhecimento prático e aplicável, mas também para incentivar uma mudança de mentalidade.

Afinal, a verdadeira liberdade econômica não se trata apenas de acumular riqueza, mas de garantir que o fruto do seu trabalho esteja protegido e que você possa decidir como utilizá-lo, sem a interferência constante do Estado. Vamos juntos explorar novas fronteiras da liberdade financeira e descobrir como podemos nos desvincular de um sistema que, há muito tempo, deixou de servir aos interesses do indivíduo para se tornar uma ferramenta de opressão e controle.

Capítulo 1: Introdução à Liberdade Econômica Global

1. Definição e Conceito de Liberdade Econômica

Liberdade econômica refere-se à capacidade dos indivíduos e empresas de atuar na economia sem interferência governamental excessiva. Engloba a propriedade privada, o livre mercado e o direito de escolher o que produzir, consumir e onde investir. A liberdade econômica promove um ambiente onde a oferta e a demanda determinam preços e recursos, estimulando crescimento econômico e inovação. Inclui reduzir barreiras comerciais, burocracia e garantir um sistema jurídico que proteja contratos e direitos individuais.

Liberdade econômica não significa ausência de regras, mas sim regulamentações mínimas, objetivas e justas. A iniciativa privada pode garantir a ordem, proteger direitos de propriedade e resolver conflitos, evitando interferência que prejudique a inovação e crie ineficiências.

2. História da Liberdade Econômica

A liberdade econômica começou com o liberalismo econômico dos pensadores iluministas. Adam Smith, em "A Riqueza das Nações" (1776), argumentou a favor de um mercado autorregulado e sem interferências, onde o interesse pessoal promove o bem-estar coletivo. A Revolução Industrial exemplificou a prosperidade resultante dessa liberdade, enquanto períodos de intervenção estatal, como na União Soviética, mostraram os riscos da falta de incentivos para inovação.

Movimentos recentes como as reformas de Thatcher e Reagan desregulamentaram economias, privatizaram empresas estatais e reduziram impostos, promovendo crescimento. Por outro lado, intervenções excessivas, como durante a Grande Depressão, ilustram os perigos de políticas centralizadas e ineficazes.

3. Globalização e Impacto na Liberdade Econômica

A globalização, especialmente após a Segunda Guerra Mundial, foi crucial para expandir a liberdade econômica, permitindo que bens, serviços e capitais se movimentassem livremente. A integração econômica aumentou a eficiência e reduziu custos, conectando mercados globais. Como resultado, diversos países emergentes tiveram um aumento significativo na qualidade de vida e na redução da pobreza.

Contudo, a globalização também trouxe desigualdade de renda e crises financeiras. Quando regulada por governos, pode favorecer grandes corporações e enfraquecer economias locais. Assim, é necessário buscar formas de tornar a globalização mais inclusiva e justa.

4. Políticas que Incentivam a Liberdade Econômica

Políticas de desregulamentação, privatização, abertura comercial e redução de impostos incentivam a liberdade econômica. Elas liberam recursos para investimentos e aumentam a eficiência, permitindo maior competitividade. Reformas tributárias simplificadas e a eliminação de barreiras ao comércio promovem um ambiente econômico mais dinâmico e acessível.

Governos que adotaram políticas de estabilidade macroeconômica, como Hong Kong e Singapura, experimentaram grande crescimento e desenvolvimento. Essas nações têm avançado apesar da resistência de tendências globalistas e centralizadoras.

5. Liberdade Econômica Versus Intervenção Estatal

Defensores da liberdade econômica argumentam que mercados livres são mais eficientes e inovadores. Já os defensores da intervenção estatal acreditam que o governo deve regular mercados para proteger os vulneráveis e promover a equidade. Salários mínimos e subsídios podem reduzir desigualdades, mas também geram distorções e desestimulam o investimento.

Excessiva intervenção estatal frequentemente leva à corrupção, ineficiência e perda de liberdade individual. Assim, encontrar um equilíbrio é essencial para promover tanto o crescimento quanto a justiça social.

6. O Papel dos Governos na Economia Global

Os governos, idealmente, não deveriam existir. Contudo, é essencial que os governos sejam controlados e limitados para evitar que se tornem ferramentas de opressão e ineficiência. A história mostra que o poder estatal tende a crescer de forma descontrolada se não houver mecanismos de controle rigorosos por parte da população.

A população deve ter meios de garantir que o Estado não seja um monopólio coercitivo e que os indivíduos possam se defender contra a opressão governamental. Estados minimalistas são menos prejudiciais do que aqueles que expandem continuamente suas funções e poder. O controle do Estado por parte do povo, inclusive por meio do direito ao armamento, é uma forma de garantir que ele permaneça limitado e evite abusos de poder.

Tudo o que o Estado se propõe a fazer pode ser realizado pela iniciativa privada com eficácia, efetividade e maior eficiência. Exemplos como Hong Kong e Singapura mostram que mínima interferência estatal resulta em prosperidade, enquanto países como a Venezuela ilustram os problemas decorrentes de um controle estatal exacerbado e centralizado.

7. Relação entre Liberdade Econômica e Desenvolvimento Social

Liberdade econômica está ligada ao desenvolvimento social, renda per capita maior, menor desemprego e qualidade de vida. Economias mais livres geram empregos e promovem inovações que melhoram o padrão de vida, além de oferecer maior mobilidade social para melhorar as condições de vida dos indivíduos.

A liberdade econômica cria um ambiente favorável ao empreendedorismo, permitindo que as pessoas iniciem negócios sem burocracia excessiva. Esse processo resulta em maior competitividade, com uma oferta mais diversificada de produtos e serviços que beneficiam diretamente os consumidores.

Além disso, a liberdade econômica fortalece as instituições sociais e incentiva a responsabilidade individual. Quando as pessoas têm liberdade para agir economicamente, elas se tornam mais comprometidas com o desenvolvimento de suas comunidades, o que contribui para uma sociedade mais próspera e autônoma.

8. Indicadores Sul-Americanos e Globais de Liberdade Econômica

Suíça, Canadá e Nova Zelândia, apesar de progressistas, promovem alta liberdade econômica, garantindo bem-estar social. Na América do Sul, Paraguai, Panamá, e Argentina têm buscado atrair investimentos e incentivar o empreendedorismo. O Panamá, em particular, tem se destacado por suas políticas voltadas à redução de impostos e ao incentivo ao investimento estrangeiro, tornando-se um exemplo de como a liberdade econômica pode contribuir para o crescimento regional. Chile e Uruguai, embora enfrentem desafios, continuam exemplos importantes de políticas de livre mercado na região.

9. Países Sul-Americanos e Globais Líderes em Liberdade Econômica

Na América do Sul, Argentina, Paraguai e Panamá se destacam pelas políticas de liberdade econômica. O Panamá, especialmente, tem se tornado um hub financeiro, com baixos impostos e uma regulamentação favorável ao empreendedorismo, o que facilita o crescimento de negócios locais e estrangeiros. No cenário global, Hong Kong, Singapura e Suíça são exemplos de economias que combinam baixos impostos e estabilidade jurídica, criando um ambiente favorável ao empreendedorismo e investimento.

10. Desafios da Liberdade Econômica no Século XXI

Os governos muitas vezes ampliam desigualdades e criam barreiras ao desenvolvimento individual. A imposição de políticas igualitárias frequentemente resulta em perda de liberdade e eficiência. Além disso, temas como sustentabilidade ambiental são discutidos sob diferentes pontos de vista. Algumas crenças afirmam que o planeta está sob proteção divina e que a responsabilidade humana é cuidar e proteger o meio ambiente, mas que a Terra possui capacidade natural de se regenerar.

Avanços tecnológicos e a automação também trazem desafios e oportunidades. Enquanto a automação pode substituir empregos repetitivos, ela cria a necessidade de novas habilidades e adaptações. A formação contínua e a busca pela inovação são cruciais para manter a liberdade econômica e garantir prosperidade em uma economia global em constante transformação.

Fontes

Smith, Adam. "A Riqueza das Nações". 1776.

Heritage Foundation. "Index of Economic Freedom". Última edição.

Fraser Institute. "Economic Freedom of the World". Última edição.

Relatórios do Banco Mundial e do FMI sobre globalização e desenvolvimento econômico.

Smith, Adam. "A Riqueza das Nações". 1776.

Heritage Foundation. "Index of Economic Freedom". Última edição.

Fraser Institute. "Economic Freedom of the World". Última edição.

Friedman, Milton. "Capitalismo e Liberdade". 1962.

De Soto, Hernando. "O Mistério do Capital". 2000.

Thatcher, Margaret. "The Downing Street Years". 1993.

Relatórios da OCDE sobre políticas econômicas.

Krugman, Paul. "The Return of Depression Economics". 1999

Acemoglu, Daron, e Robinson, James. "Por que as Nações Fracassam". 2012.

Capítulo 2: Entendendo Criptoativos no Contexto Global

1. Definição de Criptoativos e Blockchain

Criptoativos são representações digitais de valor que utilizam criptografia para assegurar transações e controlar a criação de novas unidades. Diferentemente de outras tecnologias de registro, o blockchain opera de forma descentralizada, sem uma autoridade central ou banco que gerencie o sistema.

Em vez disso, cada transação é registrada por uma rede distribuída de computadores, garantindo que todos os participantes tenham uma cópia atualizada e sincronizada do registro. Essa descentralização torna o blockchain altamente seguro contra fraudes e adulterações, pois qualquer tentativa de alteração em um bloco exigiria o comprometimento simultâneo da maioria dos computadores da rede, algo extremamente difícil de se alcançar.

Além disso, a transparência do blockchain permite que todas as transações sejam verificáveis por qualquer pessoa, o que cria um nível de confiança e integridade não presente em sistemas centralizados tradicionais. Isso elimina a necessidade de intermediários tradicionais, como bancos e autoridades estatais, possibilitando transações mais rápidas, seguras e com menores custos.

A principal vantagem do blockchain é permitir a realização de transações sem intermediários, eliminando o controle das instituições financeiras centralizadas, que frequentemente são usadas como instrumentos de controle pelos governos.

Governos, guiados por ideologias progressistas e centralizadoras, utilizam o controle monetário para regulamentar a economia de maneira a servir seus próprios interesses e manter a população sob um regime de controle financeiro.

Criptoativos surgem como uma resposta direta a essas políticas de controle, representando uma alternativa verdadeiramente livre e descentralizada para armazenar e transferir valor. Isso desafia a hegemonia financeira estatal e empodera os indivíduos, permitindo-lhes gerir suas finanças sem a interferência direta do Estado.

2. A Evolução do Bitcoin e das Altcoins

O Bitcoin foi criado em 2008 como uma resposta à crise financeira global, que demonstrou claramente a ineficiência dos sistemas financeiros centralizados e a falha dos bancos tradicionais em proteger o dinheiro das pessoas. Satoshi

Nakamoto, o pseudônimo criador do Bitcoin, desenvolveu um sistema financeiro alternativo que estivesse fora do controle de governos e instituições financeiras, garantindo maior liberdade econômica para os indivíduos. A visão de Nakamoto foi criar um dinheiro digital que não dependesse de confiança em instituições tradicionais, proporcionando uma alternativa para evitar as falhas sistêmicas do sistema bancário existente.

A partir do sucesso do Bitcoin, surgiram as altcoins (moedas alternativas), como Ethereum, Litecoin, Ripple, Cardano e muitas outras. Essas criptomoedas oferecem funcionalidades e características diferenciadas, como contratos inteligentes e transações mais rápidas, sempre mantendo o princípio de evitar a intermediação estatal. O Ethereum, por exemplo, trouxe contratos inteligentes que automatizam acordos entre partes, eliminando a necessidade de terceiros e burocracias adicionais.

Os contratos inteligentes são uma inovação poderosa que amplia as possibilidades de uso da blockchain, permitindo a criação de aplicativos descentralizados que podem ser utilizados em setores como finanças, saúde e até governança.

A criação dessas moedas digitais é uma resposta à expansão de políticas públicas ineficazes que consolidam o poder das elites políticas e financeiras. Criptoativos representam uma maneira de lutar contra sistemas que impõem ideologias centralizadoras e ameaçam a autonomia financeira dos cidadãos.

Eles fornecem alternativas robustas para aqueles que buscam a liberdade econômica longe da influência de estados e grandes corporações. Além disso, a evolução das altcoins trouxe soluções inovadoras para problemas que o Bitcoin não foi projetado para resolver, como a escalabilidade e o consumo de energia.

Altcoins como Cardano e Polkadot estão desenvolvendo soluções que prometem tornar o uso de criptomoedas mais eficiente e sustentável, aumentando o alcance dessas tecnologias. A diversidade no ecossistema cripto contribui para o aumento da resiliência do sistema financeiro descentralizado. Quanto mais moedas e tecnologias existem, maior é a resistência ao controle de um único ponto de falha, seja ele um governo ou uma entidade financeira. Essa proliferação de altcoins e inovações tecnológicas cria um ambiente onde os indivíduos têm um leque mais amplo de opções para proteger seus ativos e se envolverem em transações financeiras, tudo sem depender da infraestrutura tradicional.

3. Criptoativos como Forma de Liberdade Financeira

Criptoativos são mais do que uma ferramenta financeira: são um símbolo de liberdade e resistência ao controle estatal. Como são descentralizados, não são emitidos ou controlados por nenhum governo ou instituição financeira, o que permite aos indivíduos manterem controle total sobre seu dinheiro e como ele é utilizado.

Essa característica é especialmente relevante em países onde governos adotam políticas econômicas que frequentemente desvalorizam o patrimônio da população, seja através da hiperinflação, controle de capitais ou altos níveis de tributação.

Governos que adotam políticas de controle financeiro demonstraram historicamente que a interferência direta no sistema monetário é uma de suas principais ferramentas de controle.

A hiperinflação monetária, confiscos, e o controle de preços são comuns em países que adotam essas políticas, como

Venezuela, Argentina e Zimbábue. Nesses lugares, criptoativos oferecem uma saída para esses cenários, permitindo que indivíduos escapem da burocracia financeira e de políticas que destroem o poder de compra e a liberdade de escolha. Criptoativos possibilitam uma preservação de valor que é independente das manipulações e instabilidades causadas por políticas governamentais irresponsáveis.

A privacidade proporcionada pelos criptoativos também é uma ferramenta poderosa contra a vigilância estatal. Algumas criptomoedas, como Monero e Zcash, são projetadas especificamente para fornecer um nível elevado de anonimato, tornando as transações mais difíceis de rastrear.

Essa privacidade contraria o sistema de vigilância implementado por muitos governos, que buscam monitorar cada transação para aplicar políticas fiscais e ideológicas. Portanto, a adoção de criptoativos é uma escolha econômica e um ato de resistência política.

É um meio de se proteger contra o uso do sistema financeiro como ferramenta de coerção, garantindo que as escolhas financeiras de cada indivíduo sejam protegidas contra olhares indiscretos e ações coercitivas.

Além disso, a capacidade de armazenar criptoativos de forma segura, seja através de carteiras digitais ou físicas (cold wallets), fornece um nível de segurança que é difícil de ser alcançado com contas bancárias tradicionais, especialmente em países onde os bancos podem ser pressionados a congelar ou confiscar ativos por razões políticas. Isso coloca o poder de controle nas mãos dos indivíduos, garantindo que eles sejam os únicos responsáveis pela gestão e segurança de suas posses.

4. Prós e Contras do Uso de Criptoativos

Os criptoativos possuem diversos benefícios, como a privacidade, o controle financeiro individual e a possibilidade de realizar transações internacionais com custos baixos. Eles são uma ferramenta para aqueles que buscam fugir da interferência estatal e das políticas impostas por ideologias centralizadoras, que tentam controlar cada aspecto da vida dos cidadãos.

A possibilidade de enviar e receber valores sem a necessidade de aprovação de um banco central ou de outro intermediário é um exemplo claro de como a liberdade financeira pode ser exercida na prática através dos criptoativos.

Os criptoativos também promovem a inclusão financeira. Em muitas regiões do mundo, as pessoas não têm acesso a bancos devido a políticas públicas ineficazes ou à falta de interesse dos governos em oferecer infraestrutura básica para suas populações. Criptoativos permitem que essas pessoas participem da economia global, proporcionando acesso a serviços financeiros sem depender de intermediários burocráticos.

A ideia de inclusão financeira é um contraste direto com a abordagem paternalista do socialismo, que sempre busca centralizar o controle e limitar as escolhas individuais. A descentralização oferece a oportunidade de crescimento econômico sem as limitações e controles impostos pelo estado.

Por outro lado, existem desvantagens, como a alta volatilidade e os riscos associados ao armazenamento digital. Embora a liberdade proporcionada pelos criptoativos seja significativa. Cada usuário deve assumir a responsabilidade pela segurança de seus ativos, o que contrasta com a ideia de um Estado paternalista que cuida de tudo em nome dos cidadãos, mas Estado rouba e aprisionam ao cidadãos.

A necessidade de autossuficiência é um elemento importante na cultura dos criptoativos e deve ser considerada como parte do compromisso com a liberdade financeira.

Além disso, a infraestrutura tecnológica necessária para armazenar criptoativos em segurança requer algum nível de conhecimento. Isso cria um desafio adicional para aqueles que ainda estão se familiarizando com a tecnologia, mas, por outro lado, abre oportunidades para um aprendizado que promove a autonomia e a responsabilidade individual.

As carteiras de hardware e práticas como a gestão segura de chaves privadas são essenciais para garantir a segurança dos criptoativos. Esses desafios fazem parte de uma nova cultura de liberdade, na qual os indivíduos são incentivados a se empoderar e a assumir o controle total sobre seus ativos e suas decisões financeiras.

5. Criptomoedas e a Desburocratização Financeira

Uma das maiores vantagens das criptomoedas é a desburocratização do sistema financeiro. Os bancos tradicionais e as instituições financeiras são altamente burocráticos e exigem que os cidadãos sigam diversas etapas, muitas vezes desnecessárias, para acessar seus próprios recursos. Isso ocorre porque o sistema bancário é regulamentado pelos estados, que usam essas regulamentações como uma forma de controle.

Além da burocracia, os custos envolvidos em transações bancárias tradicionais, como tarifas, taxas de câmbio e impostos, são frequentemente elevados, dificultando o acesso a serviços financeiros para a população mais vulnerável.

As criptomoedas, por outro lado, são rápidas e eficientes, permitindo transações sem intermediários e sem depender da boa vontade de instituições controladas pelo Estado. Essa liberdade financeira se opõe diretamente às políticas públicas que visam aumentar a burocracia e o controle estatal sobre os bens dos cidadãos, sob o pretexto de garantir uma distribuição "justa" dos recursos.

Na prática, essas políticas públicas frequentemente resultam em uma centralização de poder e na ineficiência do sistema, impedindo o crescimento econômico e limitando as possibilidades dos indivíduos de acumularem riqueza.

Além disso, as criptomoedas podem ser usadas para reduzir a corrupção. Como todas as transações são registradas na blockchain, é muito mais difícil para agentes corruptos desviarem fundos ou realizarem transações ilícitas sem serem detectados. Isso é um benefício significativo em países onde a corrupção institucional é um grande problema, geralmente como consequência de governos progressistas e socialistas que utilizam o controle estatal para enriquecer elites políticas enquanto empobrecem a população em geral. Com criptomoedas, há uma maior transparência e menor probabilidade de desvios, pois todos os registros são públicos e auditáveis.

6. Regulação de Criptoativos ao Redor do Mundo

Governos em todo o mundo têm tentado regular os criptoativos, alegando preocupações com fraudes, evasão fiscal e atividades ilícitas. No entanto, é importante reconhecer que essa tentativa de regulação é muitas vezes uma maneira de manter o controle sobre a população, dificultando a adoção de uma ferramenta que permite a liberdade financeira. O esforço regulatório não é apenas uma questão de segurança ou proteção ao consumidor, mas também um reflexo do receio que governos têm da perda de controle sobre suas economias.

Países progressistas e socialistas tendem a impor regulamentações mais severas sobre os criptoativos, pois enxergam essas tecnologias como uma ameaça ao seu poder de controle. O objetivo desses governos é garantir que todos os cidadãos estejam dentro do sistema financeiro que eles dominam, de forma que possam ser taxados e monitorados.

Portanto, a tentativa de regular os criptoativos deve ser vista com ceticismo, especialmente quando vem de regimes que têm como objetivo final a implementação de políticas socialistas e a ampliação do controle estatal sobre a economia. Nos países que ainda defendem algum grau de liberdade econômica, as regulamentações sobre criptoativos visam unicamente combater fraudes, sem interferir no direito das pessoas de gerenciar seus ativos de forma autônoma.

7. Adoção Institucional de Criptoativos

Nos últimos anos, a adoção de criptoativos por grandes instituições financeiras e empresas multinacionais tem crescido, mostrando que esta é uma tecnologia com potencial para mudar o cenário econômico global.

Empresas como Tesla e MicroStrategy começaram a investir em Bitcoin como uma alternativa à moeda fiduciária, que é constantemente desvalorizada por políticas de emissão em massa promovidas por governos centrais. Esses investimentos são um claro indicativo de que há uma crescente falta de confiança nas políticas monetárias dos governos.

A adoção institucional de criptoativos pode ser vista como uma forma de resistência ao controle estatal. Instituições financeiras tradicionais, que anteriormente dependiam de subsídios e regulamentações governamentais, estão agora buscando alternativas ao sistema financeiro estatal.

Essa mudança é um reflexo do fracasso das políticas públicas centralizadas em proporcionar estabilidade econômica e confiança para o setor privado. Além disso, ao adotarem criptoativos, as empresas estão sinalizando um movimento em direção a uma economia mais transparente e menos sujeita à manipulação estatal.

8. O Papel das Stablecoins na Economia Global

As stablecoins são uma classe especial de criptoativos que busca minimizar a volatilidade ao serem atreladas a ativos estáveis, como o dólar americano. Elas foram criadas para enfrentar uma das maiores críticas às criptomoedas, que é sua instabilidade.

Ao mesmo tempo, representam uma alternativa ao dinheiro controlado por governos estatais, que podem manipular a moeda fiduciária para atingir objetivos políticos. As stablecoins oferecem uma alternativa segura para armazenar valor em países onde a instabilidade econômica é uma constante devido a políticas públicas socialistas e progressistas que não conseguem estabilizar suas moedas.

Stablecoins como Tether (USDT), USD Coin (USDC) e DAI oferecem uma solução prática para proteger o valor do dinheiro sem a necessidade de recorrer a instituições financeiras controladas pelo Estado. Isso é particularmente importante em países onde a moeda local está sujeita a flutuações extremas de valor, e o governo aplica políticas que dificultam o acesso ao dólar americano.

Dessa forma, as stablecoins têm se tornado um refúgio para quem quer preservar seu poder de compra longe das garras do Estado e fora do sistema bancário tradicional.

Em muitos casos, as stablecoins também têm sido utilizadas como um meio de facilitar o comércio internacional. Pequenas empresas e indivíduos que antes tinham que lidar com barreiras bancárias e conversões monetárias podem agora realizar transações em stablecoins, sem os custos e atrasos associados aos bancos. Dessa forma, as stablecoins proporcionam uma maneira eficiente e barata de acessar o mercado global, aumentando a competitividade e permitindo que pequenos negócios escapem das regulações financeiras limitadoras de seus respectivos países.

As stablecoins não apenas representam uma estabilidade monetária, mas também uma liberdade para aqueles que enfrentam a opressão financeira dos governos.

9. Tokenização de Ativos e Seus Impactos Econômicos

A tokenização de ativos é a transformação de direitos sobre ativos do mundo real, como imóveis, obras de arte e até mesmo ações de empresas, em tokens digitais que podem ser negociados livremente.

Exemplos concretos de ativos que já foram tokenizados incluem imóveis comerciais em grandes cidades, como Nova York e Londres, obras de arte de artistas renomados, como Picasso, e até commodities como ouro.

A tokenização desses ativos permite que pequenos investidores tenham acesso a oportunidades de investimento que antes eram reservadas apenas para grandes investidores ou instituições.

Por exemplo, o edifício St. Regis Aspen, um resort de luxo, foi tokenizado e vendido em frações digitais, permitindo que um número maior de pessoas pudesse investir nele. Outro exemplo é a tokenização de obras de arte pela Maecenas, que permite a investidores comuns comprarem frações de peças icônicas. Esses casos práticos mostram como a tokenização democratiza o acesso ao investimento, reduz a necessidade de intermediários e melhora a liquidez dos ativos, proporcionando impactos positivos na economia global.

Essa inovação reduz a necessidade de intermediários e mina o controle estatal sobre o mercado financeiro. Políticas públicas que favorecem grandes intermediários e regulamentações complexas tornam o acesso ao mercado financeiro difícil e burocrático. A tokenização possibilita maior liberdade, transparência e acesso, tornando a economia mais justa e menos centralizada. Além disso, a tokenização aumenta a liquidez dos ativos, permitindo transações mais rápidas e simplificadas.

10. Riscos de Segurança e Volatilidade dos Criptoativos

Como qualquer ativo, os criptoativos apresentam riscos, incluindo volatilidade e ameaças à segurança digital. Esses riscos são exacerbados por campanhas de desinformação promovidas por estados e instituições globais que desejam manter o status quo e proteger o sistema financeiro tradicional, totalmente dependente do controle estatal.

Governos e elites financeiras se aproveitam dos riscos dos criptoativos para justificar regulamentações mais rígidas e limitar a liberdade financeira que eles proporcionam. Embora seja necessário ter precaução ao lidar com criptoativos, é importante reconhecer que a volatilidade faz parte de qualquer novo mercado. A liberdade sempre terá seus riscos, mas é preferível a um sistema em que o governo decide quem pode e quem não pode participar da economia. Ao escolher assumir esses riscos, os usuários de criptoativos demonstram uma confiança na descentralização e na capacidade individual de tomar decisões financeiras sem a necessidade de uma autoridade central para supervisionar e controlar cada ação.

Os riscos também incluem a possibilidade de perdas irreversíveis, especialmente em casos de ataque cibernético ou perda de acesso às chaves privadas. No entanto, esses riscos podem ser mitigados com boas práticas de segurança, como o uso de carteiras de hardware, a separação de chaves privadas e o emprego de autenticação de dois fatores (2FA). Embora esses desafios possam ser intimidador para novos usuários, eles são parte de um aprendizado necessário para se ter uma liberdade financeira verdadeira e independente do sistema bancário tradicional.

Fontes

Nakamoto, Satoshi. "Bitcoin: A Peer-to-Peer Electronic Cash System". 2008.

Hayek, Friedrich. "Denationalization of Money". 1976.

Tapscott, Don e Tapscott, Alex. "Blockchain Revolution: How the Technology Behind Bitcoin Is Changing Money, Business, and the World". 2016.

Rothbard, Murray. "For a New Liberty: The Libertarian Manifesto". 1973.

Heritage Foundation. "Index of Economic Freedom". Última edição.

Relatórios do Banco Mundial e do Fundo Monetário Internacional sobre inflação e controle estatal.

Maecenas – Relatórios de Tokenização de Obras de Arte.

Tesla, MicroStrategy – Relatórios anuais e declarações públicas sobre o investimento em criptoativos.

Publicações do Blockchain Research Institute sobre o impacto da tokenização de ativos.

University of Chicago - Estudos acadêmicos sobre impactos econômicos da descentralização financeira e criptoativos.

Austrian Economics Blog - Análises sobre a relação entre governos e controle financeiro.

Capítulo 3: Fundamentos da Elisão Fiscal Interestatal

1. Diferença entre Evasão e Elisão Fiscal

A elisão fiscal é uma prática legal que visa reduzir a carga tributária através do planejamento e uso de instrumentos que estão dentro da lei. É essencial diferenciar entre elisão e evasão fiscal. Enquanto a elisão utiliza brechas legais e mecanismos permitidos para diminuir a tributação, a evasão implica ocultar informações e realizar fraudes fiscais, sendo assim uma atividade ilícita.

Governos estatais têm um grande interesse em desincentivar a elisão fiscal, pois ela permite que indivíduos e empresas mantenham uma maior parcela do valor que geram, desafiando o poder coercitivo do Estado e limitando sua capacidade de financiar políticas públicas, muitas vezes ineficazes ou alinhadas com agendas de controle político.

A elisão fiscal também representa uma forma de resistência contra a tributação progressiva, uma prática defendida por governos socialistas e globalistas, que buscam redistribuir riqueza à custa do mérito individual.

Muitos indivíduos e empresas recorrem à elisão como um meio de se protegerem do excesso tributário e da burocracia, mantendo assim a autonomia financeira e a liberdade de escolha sobre onde e como investir seus recursos.

A elisão fiscal dá ao contribuinte a chance de maximizar a eficiência do seu patrimônio, utilizando as próprias ferramentas oferecidas pelo sistema tributário para assegurar maior independência financeira.

2. Ética da Elisão Fiscal

A elisão fiscal é uma questão profundamente ética, que envolve o debate sobre o direito do indivíduo de proteger o fruto do seu trabalho contra um Estado que, muitas vezes, é visto como corrupto e ineficiente. Por um lado, a elisão fiscal pode ser considerada uma forma de resistência legítima contra o confisco abusivo de riquezas.

Sob uma perspectiva libertária e cristã, a defesa da elisão fiscal é também a defesa dos direitos naturais e da liberdade individual, valores que são muitas vezes ameaçados pelo intervencionismo estatal. A elisão fiscal, portanto, reflete a busca pela soberania pessoal em um contexto onde o Estado é uma entidade ilegítima, que existe para mentir, aprisionar, controlar, roubar, matar e destruir, e impõe impostos e inflação monetária aos cidadãos que vivem na área em que os entes estatais controlam.

A elisão fiscal é particularmente importante em um contexto onde o Estado promove políticas públicas que contradizem os princípios éticos de muitos cidadãos, como políticas abortistas, de legalização de drogas e ideologias progressistas que buscam reengenharia social. Dessa forma, a elisão fiscal é vista como uma ferramenta moral e justa de autodefesa econômica, que permite ao indivíduo não financiar diretamente ações e políticas contrárias aos seus valores.

Ao proteger seus rendimentos da tributação excessiva, o indivíduo está garantindo que sua riqueza não seja usada para financiar ações estatais que ele considera antiéticas ou imorais.

Além disso, a ética da elisão fiscal também está ligada ao princípio de que a eficiência e a prosperidade devem ser recompensadas, e não punidas com impostos mais elevados. Os cidadãos têm o direito de preservar suas conquistas financeiras, especialmente quando estas foram obtidas por meio de trabalho árduo e dedicação, sem depender do suporte estatal.

Assim, a elisão fiscal não é apenas uma questão de economia pessoal, mas também um ato de reafirmação do direito de cada um de ser recompensado conforme seu esforço, sem ser desproporcionalmente onerado.

3. Instrumentos Jurídicos de Elisão Fiscal

Existem diversos instrumentos que podem ser usados para implementar a elisão fiscal de maneira legal. Exemplos incluem a estruturação de holdings, uso de incentivos fiscais, deduções permitidas por lei e o planejamento sucessório.

Essas ferramentas permitem que indivíduos e empresas minimizem sua carga tributária dentro dos limites da lei, utilizando os próprios mecanismos legais do sistema para garantir maior eficiência na administração de seus recursos.

O planejamento tributário é uma forma essencial de gestão financeira, e muitos especialistas recomendam que indivíduos e empresas façam um uso constante dessas ferramentas para otimizar suas operações.

Além disso, a utilização de criptoativos oferece oportunidades interessantes para elisão fiscal. Como os criptoativos operam fora do sistema financeiro tradicional, eles dificultam a rastreabilidade por parte do governo. Transações feitas com Bitcoin, Monero ou outras criptomoedas permitem um controle mais privado dos ativos, protegendo-os da intervenção estatal e possibilitando uma diversificação de patrimônio sem as limitações impostas pelo sistema financeiro convencional.

Esses instrumentos possibilitam que os indivíduos e empresas se protejam do confisco disfarçado de tributação progressiva, uma prática frequentemente defendida por governos socialistas que buscam o controle absoluto dos recursos dos cidadãos.

Outros mecanismos incluem trusts, que são amplamente usados para gerenciar e proteger ativos, particularmente em países onde a tributação sobre heranças é significativa. Trusts permitem que os bens sejam administrados de forma profissional e eficiente, garantindo que os herdeiros sejam beneficiados conforme as disposições de quem instituiu o trust, sem a necessidade de pagar tributos excessivos.

Esse tipo de planejamento é comum entre famílias que buscam garantir que sua riqueza permaneça intacta para futuras gerações, evitando que governos imponham tarifas pesadas durante o processo sucessório.

4. Jurisprudência sobre Elisão Fiscal no Brasil

No Brasil, a jurisprudência sobre elisão fiscal é vasta e contraditória, refletindo a complexidade do sistema tributário brasileiro. Muitas decisões judiciais têm reconhecido a legitimidade do planejamento tributário, desde que não seja constatado abuso de direito ou fraude à lei. No entanto, o Estado brasileiro tem constantemente tentado ampliar o conceito de "abuso de forma" para invalidar estratégias de elisão fiscal, tratando-as como ilícitas sempre que possível. O uso de um conceito amplo como "abuso de forma" é uma tentativa de estender a margem de atuação do Estado na cobrança de impostos, enfraquecendo a segurança jurídica dos contribuintes.

Essa postura reflete o interesse do Estado em maximizar sua arrecadação, mesmo que às custas dos direitos dos contribuintes. A cada tentativa de conter a liberdade de planejamento tributário, vemos a mão do governo buscando manter um poder total sobre a riqueza do indivíduo, desconsiderando os direitos individuais e promovendo a dependência do Estado, de acordo com a agenda progressista que visa manter a população submissa a políticas centralizadoras.

O comportamento da Receita Federal e de outras instituições fiscais no Brasil muitas vezes extrapola suas funções, criando uma insegurança jurídica que afeta negativamente a liberdade econômica dos cidadãos e a capacidade de empresas crescerem e se expandirem.

5. Aspectos Internacionais da Elisão Fiscal

No contexto internacional, a elisão fiscal ganha ainda mais relevância, especialmente para indivíduos e empresas que têm o privilégio de operar além das fronteiras nacionais. Muitos países oferecem ambientes regulatórios favoráveis para reduzir a carga tributária, proporcionando uma alternativa ao regime tributário opressivo de seus países de origem. Países como Panamá, Suíça e Emirados Árabes Unidos são conhecidos por suas políticas fiscais flexíveis, que incentivam investimentos e garantem aos investidores maior liberdade financeira.

A concorrência entre jurisdições é um fator essencial para limitar o poder dos governos sobre a economia global, pois permite que indivíduos busquem locais onde seus direitos sejam mais respeitados e onde possam prosperar com menos intervenção estatal. A existência de jurisdições que oferecem baixos impostos ou incentivos fiscais específicos representa uma pressão constante sobre governos que desejam tributar excessivamente seus cidadãos, forçando-os a rever suas políticas de arrecadação para evitar a fuga de capitais e talentos. Dessa forma, a elisão fiscal interestatal atua como uma ferramenta de equilíbrio e disciplina econômica, obrigando governos a manterem suas estruturas tributárias competitivas.

Além disso, a elisão fiscal internacional é facilitada por acordos de não bitributação e tratados de livre comércio. Esses tratados ajudam a fomentar a mobilidade internacional de capitais, proporcionando um ambiente onde o capital possa buscar a melhor oportunidade de crescimento com uma carga tributária reduzida. Empresas multinacionais fazem uso extensivo de estratégias de elisão fiscal, utilizando subsidiárias e operações internacionais para diminuir sua carga tributária e maximizar a eficiência do capital empregado.

6. Tratados para Evitar Dupla Tributação

Os tratados internacionais para evitar a dupla tributação são ferramentas cruciais na elisão fiscal interestatal. Esses acordos buscam impedir que um mesmo rendimento seja tributado em dois países diferentes e são especialmente úteis para aqueles que possuem rendimentos internacionais. Graças a esses tratados, é possível usar estruturas legais para otimizar a carga tributária, algo que se torna cada vez mais necessário em um contexto onde governos buscam recursos para sustentar suas burocracias ineficazes.

Além disso, esses tratados também fomentam a competitividade global, incentivando empresas e indivíduos a expandirem suas atividades para outros países sem o medo de sofrerem uma carga tributária excessiva. Tais tratados representam uma forma de resistir ao confisco estatal e manter a liberdade econômica individual, oferecendo um ambiente de previsibilidade e segurança jurídica. Eles também são importantes para reduzir as incertezas e facilitar o fluxo de investimentos entre diferentes nações, garantindo que o capital seja alocado de forma mais eficiente, beneficiando tanto os investidores quanto os mercados locais.

Tratados de bitributação também proporcionam uma rede de segurança para investidores que estão relutantes em operar em múltiplas jurisdições devido à complexidade regulatória. Com esses tratados, as empresas conseguem prever seus custos e planejar suas operações de maneira mais eficiente, assegurando um ambiente estável e de baixo risco para crescimento econômico. Além disso, a existência de tratados para evitar a bitributação pressiona países a adotarem políticas tributárias menos predatórias e mais competitivas no cenário global.

7. Estruturas de Holdings Internacionais

A estruturação de holdings internacionais é uma das estratégias mais eficientes para otimizar a carga tributária e proteger ativos. Holdings permitem concentrar investimentos e negócios em países com sistemas tributários menos agressivos, reduzindo custos e riscos associados à intervenção estatal. Essas estruturas são amplamente utilizadas por grandes empresas e investidores internacionais para facilitar a gestão de ativos, diversificar riscos e aumentar a eficiência fiscal.

Além da otimização fiscal, as holdings também proporcionam maior segurança jurídica e proteção patrimonial, especialmente em um cenário onde governos progressistas tentam reprimir o acúmulo de riqueza e centralizar o controle sobre os bens dos cidadãos. Holdings em jurisdições como Luxemburgo ou Ilhas Cayman oferecem um grau elevado de sigilo e segurança, permitindo que investidores preservem seus ativos de possíveis ataques regulatórios ou confisco. A proteção oferecida por essas estruturas é uma parte essencial da estratégia de muitos indivíduos que desejam preservar sua liberdade econômica e garantir a transmissão segura de seus bens para as próximas gerações.

As holdings também permitem o planejamento sucessório eficiente, evitando longos processos de inventário e minimizando os tributos de transferência. Famílias que desejam proteger suas fortunas ao longo de várias gerações utilizam holdings para garantir que seus ativos sejam administrados de maneira centralizada e segura. Além disso, as holdings permitem maior flexibilidade na distribuição dos ativos entre os herdeiros, garantindo que as disposições dos fundadores sejam respeitadas e cumpridas de maneira eficiente.

8. Offshores e Suas Vantagens Fiscais

Offshores são jurisdições com regulações fiscais favorecidas, que oferecem vantagens como isenções de impostos, anonimato e segurança jurídica. Utilizar offshores é uma forma lícita de elisão fiscal, permitindo que indivíduos e empresas protejam seu patrimônio e escapem da intervenção predatória de estados socialistas. Offshores são frequentemente difamadas pela mídia globalista, que promove uma narrativa negativa para desincentivar o uso dessas ferramentas e manter os recursos sob controle dos governos.

Na verdade, offshores representam uma oportunidade de resistir ao controle central e assegurar a liberdade econômica. Países como Panamá, Bahamas e Ilhas Virgens Britânicas tornaram-se destinos populares para aqueles que desejam proteger seus ativos e garantir um ambiente regulatório estável. Offshores possibilitam que pessoas comuns, não apenas grandes corporações, possam ter acesso a sistemas financeiros mais eficientes, sem a interferência constante de governos locais que buscam formas de confiscar bens através de impostos e regulações abusivas.

Além das vantagens fiscais, offshores também oferecem maior proteção contra riscos políticos e econômicos. Em um mundo cada vez mais instável, com governos adotando políticas populistas que frequentemente envolvem a expropriação de bens ou aumentos súbitos de impostos, ter uma offshore significa manter uma rede de segurança contra essas intervenções arbitrárias. Elas garantem que indivíduos e empresas tenham um refúgio seguro para seus ativos, longe do alcance de governos que possam, a qualquer momento, decidir violar direitos de propriedade.

9. Compliance e Elisão Fiscal

Uma estratégia de elisão fiscal bem-sucedida também depende de um forte compliance. O compliance garante que todas as práticas estejam dentro da legalidade, minimizando riscos de problemas legais e aumentando a segurança das estratégias de elisão. Num ambiente onde governos progressistas buscam cercear a liberdade econômica e impor regras cada vez mais restritivas, é fundamental que as práticas de elisão fiscal sejam conduzidas de maneira correta, utilizando brechas legais que garantam segurança e proteção ao indivíduo contra abusos de poder do Estado.

Compliance não é apenas uma necessidade burocrática, mas também uma ferramenta estratégica para garantir que todas as ações tomadas estejam de acordo com as regulamentações vigentes, evitando penalidades e aumentando a previsibilidade das operações financeiras. Em tempos onde o aumento da vigilância fiscal e o compartilhamento de informações financeiras entre governos são cada vez mais comuns, um programa de compliance sólido é essencial para garantir que a elisão fiscal continue sendo uma ferramenta eficaz de liberdade econômica.

Além disso, o compliance contribui para a transparência e para a manutenção da reputação das empresas e dos indivíduos que optam pela elisão fiscal. Ter um programa de compliance eficaz assegura que todas as práticas adotadas sejam defensáveis em caso de auditoria ou questionamento legal, proporcionando assim uma camada adicional de segurança e previsibilidade para as operações financeiras. O foco em compliance também demonstra um compromisso com a ética, diferenciando a elisão fiscal da evasão e garantindo que as práticas de planejamento tributário estejam em conformidade com as expectativas legais e sociais.

10. Exemplos Práticos de Elisão Fiscal para Brasileiros

Existem diversas formas para os brasileiros realizarem elisão fiscal de maneira lícita. Um exemplo comum é o uso de estruturas de previdência privada, que permite deduções no imposto de renda e assegura uma fonte de renda futura, reduzindo a carga tributária no presente. Além disso, investimentos em países com acordos para evitar dupla tributação, como Portugal e Panamá, e o uso de criptoativos para transferência de valor são alternativas que auxiliam na proteção do patrimônio e na redução da carga tributária.

Outra estratégia bastante utilizada é a abertura de empresas em países com sistemas tributários mais vantajosos. Através da internacionalização de negócios, os brasileiros conseguem reduzir significativamente os impostos, aumentar sua competitividade e garantir maior sigilo sobre suas operações financeiras. Criptoativos, como Bitcoin e Ethereum, também são usados como reservas de valor e facilitam a transferência internacional de recursos sem a necessidade de intermediários tradicionais, evitando custos e controle estatal.

Além disso, a utilização de holdings internacionais pode ser uma estratégia eficaz para proteger ativos e garantir uma carga tributária mais baixa. As holdings são utilizadas para concentrar investimentos e facilitar a gestão de patrimônio, evitando impostos elevados em transferências de ativos e sucessões. As empresas brasileiras podem estabelecer filiais em jurisdições com regimes fiscais favoráveis, otimizando sua carga tributária e garantindo maior eficiência operacional.

Esses exemplos mostram que a elisão fiscal é uma forma legítima de garantir a liberdade econômica e de se proteger contra a expansão do poder do Estado sobre os indivíduos. Mais do que isso, mostram que, com o planejamento adequado e o uso inteligente dos instrumentos disponíveis, é possível criar uma estratégia de preservação patrimonial que resista às investidas estatais e assegure a autonomia financeira. A elisão fiscal não se trata apenas de economia de impostos, mas de um exercício de liberdade individual e de defesa contra a coerção estatal.

Fontes

Bastiat, Frédéric. "A Lei".

Hayek, Friedrich. "O Caminho da Servidão".

Relatórios da OCDE sobre tratados para evitar dupla tributação.

Publicações do Fraser Institute sobre liberdade econômica.

Relatórios do Banco Mundial e FMI sobre elisão fiscal e desenvolvimento econômico.

Artigos acadêmicos da Universidade de Chicago sobre planejamento tributário.

Austrian Economics Blog - Análises sobre a relação entre impostos e liberdade econômica.

Bitcoin Whitepaper - Satoshi Nakamoto, 2008, sobre o uso de criptoativos como reserva de valor.

Relatórios do Banco de Compensações Internacionais sobre o impacto de offshores na economia global.

Publicações do Cato Institute sobre o direito à propriedade e estratégias de elisão fiscal.

Capítulo 4: Residência Fiscal e Mobilidade Global

1. Definição de Residência Fiscal

Residência fiscal é o conceito que determina o país onde um indivíduo ou empresa deve pagar seus impostos. Ela é definida pelas leis tributárias de cada nação e é uma ferramenta que os governos utilizam para arrecadar tributos dos cidadãos que vivem ou têm relações financeiras em suas jurisdições. No entanto, a definição de residência fiscal pode ser explorada para otimizar a carga tributária, especialmente em um contexto global onde diferentes países competem para atrair indivíduos de alta renda e empresas através de políticas fiscais atraentes.

A residência fiscal é uma forma que os estados utilizam para manter controle sobre os indivíduos e os recursos que eles geram. Dessa forma, governos estatais procuram garantir que todos que tenham um vínculo mínimo com sua jurisdição sejam obrigados a pagar impostos, alimentando as estruturas burocráticas que favorecem agendas centralizadoras. No entanto, a globalização e a mobilidade crescente oferecem novas possibilidades para que indivíduos escolham jurisdições que lhes proporcionem menores encargos fiscais e maior liberdade econômica.

A residência fiscal não está apenas ligada ao pagamento de impostos, mas também às oportunidades que cada país oferece em termos de crescimento financeiro, proteção de bens e qualidade de vida. No mundo atual, onde o acesso à informação e a capacidade de se movimentar tornaram-se mais acessíveis, muitos indivíduos estão reconsiderando onde estabelecer sua residência fiscal. Escolher estrategicamente onde pagar seus impostos pode significar uma enorme diferença na capacidade de acumular riqueza, investir em novos negócios e garantir uma qualidade de vida superior.

2. Regras de Residência Fiscal no Brasil

No Brasil, as regras para determinar a residência fiscal de um indivíduo são amplamente orientadas para maximizar a arrecadação. Qualquer pessoa que resida por mais de 183 dias no país em um período de 12 meses ou que tenha vínculos econômicos e familiares significativos é considerada residente fiscal. Isso implica que esses cidadãos estarão sujeitos a uma das mais elevadas cargas tributárias do mundo, com alíquotas progressivas que alcançam até 27,5% do rendimento.

Muitos brasileiros com capacidade financeira e mobilidade buscam alternativas em outras jurisdições para reduzir a carga tributária, já que o sistema tributário brasileiro muitas vezes sustenta uma estrutura estatal ineficiente. Além disso, o sistema brasileiro é notoriamente complexo, com uma série de tributos indiretos que aumentam ainda mais o peso da carga tributária, tornando difícil para os indivíduos planejarem suas finanças e maximizarem seus rendimentos.

As regras de residência fiscal no Brasil também se aplicam a pessoas que têm laços econômicos significativos no país, mesmo que residam fisicamente em outro lugar. Essa abrangência é um exemplo de como os governos tentam impor sua autoridade sobre os cidadãos, independentemente de onde eles estejam. Assim, o planejamento adequado e a busca por jurisdições mais favoráveis são estratégias essenciais para aqueles que desejam preservar a maior parte do seu rendimento e minimizar o impacto de um sistema tributário altamente oneroso.

3. Conceito de "Residência Fiscal Interestatal"

Residência fiscal interestatal refere-se à possibilidade de escolher onde estabelecer a sua residência fiscal a fim de obter melhores condições tributárias. Ao contrário da obrigação imposta por governos centralizadores, a mobilidade global permite que cidadãos escolham qual país oferece melhores condições para o seu bem-estar econômico e pessoal. Este conceito é uma ferramenta importante contra o controle excessivo dos governos, que buscam confinar seus cidadãos a sistemas tributários limitadores.

Ao buscar uma residência fiscal em um país com baixa tributação ou com isenção para rendimentos obtidos no exterior, o indivíduo pode garantir maior liberdade sobre o fruto do seu trabalho e investimentos, escapando das restrições impostas pelo Estado. Esse conceito de residência fiscal interestatal se tornou mais viável devido à facilidade de movimentação internacional e ao surgimento de novas oportunidades de investimento que não se limitam mais a uma única nação.

Além disso, a residência fiscal interestatal promove a concorrência entre países, o que força os governos a oferecer melhores condições para atrair capital e talentos. A mobilidade dos indivíduos que têm acesso a essa possibilidade serve como uma forma de pressão sobre os governos que insistem em tributar excessivamente e oferecem pouco retorno em termos de serviços públicos e infraestrutura.

4. Mudança de Residência Fiscal: Vantagens e Desafios

A mudança de residência fiscal pode trazer vantagens significativas para quem deseja reduzir a carga tributária. Ao estabelecer residência em um país com menores impostos, o indivíduo passa a ser tributado de acordo com regras que respeitam mais o direito à propriedade e a liberdade financeira. Contudo, essa mudança apresenta desafios, como atender aos requisitos de residência, comprovar a intenção de residir no país escolhido, e lidar com a complexidade dos sistemas legais e tributários de diferentes jurisdições.

Além das vantagens fiscais, mudar a residência pode oferecer melhor qualidade de vida, maior segurança, melhores oportunidades de educação e um ambiente mais propício ao desenvolvimento de negócios e ao investimento. Entretanto, essa mudança também traz desafios como a necessidade de adaptação cultural, a compreensão das regulamentações locais e a necessidade de criar uma nova rede social e profissional. É essencial que o indivíduo esteja bem informado e conte com suporte profissional para lidar com todas essas questões de maneira eficiente.

A mudança de residência fiscal não deve ser vista apenas como uma forma de reduzir impostos, mas também como um passo em direção à independência financeira e à possibilidade de viver em um ambiente que respeite mais as liberdades individuais. Muitos indivíduos optam por essa mudança para fugir de sistemas que consideram opressivos ou excessivamente regulatórios, buscando um local onde suas contribuições sejam respeitadas e onde possam viver de acordo com seus princípios e valores.

5. Países Sul-Americanos e Globais com Maior Atratividade Fiscal

Na América do Sul, países como Paraguai, Uruguai e Panamá atraem indivíduos e empresas com condições tributárias vantajosas. Esses países adotam tributação territorial, ou seja, apenas rendimentos gerados dentro do país são tributados, permitindo que rendimentos no exterior sejam isentos. Globalmente, jurisdições como Emirados Árabes Unidos, Mônaco e Singapura são preferidas por aqueles que procuram um ambiente de baixa tributação e alta segurança.

Optar por esses locais como residência fiscal é uma escolha estratégica para garantir que o fruto do trabalho seja utilizado de forma eficiente, sem que o Estado intervenha de maneira punitiva.

Além disso, esses países oferecem uma infraestrutura de qualidade, alta segurança e um ambiente de negócios favorável, o que os torna ainda mais atrativos para indivíduos que buscam melhores condições de vida e de trabalho.

Nos Emirados Árabes Unidos, por exemplo, a ausência de imposto de renda pessoal e corporativo atrai milhares de expatriados que desejam preservar seus rendimentos. Mônaco, embora tenha um custo de vida elevado, proporciona segurança e um estilo de vida sofisticado, enquanto Singapura é conhecida pela estabilidade política e ambiente favorável ao empreendedorismo. Todos esses países oferecem algo em comum: a liberdade econômica e a possibilidade de crescimento sem a interferência constante de políticas estatais pesadas.

6. Mobilidade Interestatal e Otimização Fiscal

A mobilidade interestatal é fundamental para a otimização fiscal. Ao mudar para uma jurisdição com menor carga tributária, o indivíduo ou empresa pode otimizar custos e maximizar rendimentos. Em um mundo globalizado, a capacidade de movimentar-se para buscar melhores oportunidades fiscais é uma expressão direta da liberdade individual.

Além disso, a mobilidade interestatal coloca pressão sobre os governos, forçando-os a competir por capital humano e financeiro ao reduzir suas alíquotas de imposto e eliminar regulações desnecessárias.

Esse fenômeno cria um ciclo de incentivos positivos para a redução de impostos e a implementação de políticas mais favoráveis ao crescimento econômico, beneficiando tanto os indivíduos quanto as economias nacionais.

Empresas também se beneficiam da mobilidade interestatal, pois podem buscar jurisdições com regulamentações mais favoráveis, menor carga tributária corporativa e menos burocracia. Isso permite uma melhor alocação de recursos, mais investimentos em inovação e, consequentemente, maior competitividade global. Para os indivíduos, a mobilidade também representa uma oportunidade de escolher um ambiente onde seus direitos e liberdades sejam respeitados, sem a constante ameaça de impostos punitivos.

7. Como Evitar a Dupla Residência Fiscal

Evitar a dupla residência fiscal é essencial para evitar ser tributado em duas jurisdições simultaneamente. Para isso, é importante seguir rigorosamente as regras de residência fiscal do país de destino e comunicar à Receita Federal e às autoridades locais a saída definitiva do Brasil. O uso de tratados para evitar a dupla tributação é outro recurso vital, garantindo que o indivíduo seja tributado apenas uma vez sobre o mesmo rendimento.

A dupla tributação pode ocorrer quando dois países consideram um indivíduo como residente fiscal. Os tratados para evitar a dupla tributação visam resolver esse problema, estabelecendo regras claras sobre onde os impostos devem ser pagos e evitando que o contribuinte seja penalizado. Cumprir os requisitos formais de mudança de residência, como manter registros detalhados de permanência e residência efetiva, é crucial para evitar problemas futuros.

8. Requisitos para Mudar a Residência Fiscal de Forma Segura

Para mudar a residência fiscal de forma segura, é essencial cumprir todas as exigências legais, tanto no país de origem quanto no de destino. No Brasil, é necessário entregar a Declaração de Saída Definitiva, comprovando que não há mais vínculos que caracterizem residência fiscal no Brasil. Além disso, deve-se escolher um país com regulação clara sobre residência fiscal e garantir que todos os critérios sejam atendidos, como períodos mínimos de permanência, estabelecimento de endereço fixo e comprovação de vínculos econômicos e sociais.

É recomendável buscar assessoria jurídica e fiscal especializada para garantir que todos os aspectos legais sejam devidamente tratados. O planejamento prévio é fundamental, pois uma mudança de residência fiscal mal executada pode resultar em conflitos com as autoridades fiscais, tanto do país de origem quanto do país de destino. Garantir que todas as exigências sejam cumpridas também evita riscos de dupla tributação e possíveis penalidades. Além disso, é importante considerar as implicações de longo prazo, como a sucessão patrimonial e o impacto sobre os dependentes financeiros.

9. Impactos Familiares da Mudança de Residência Fiscal

A mudança de residência fiscal não afeta apenas o aspecto financeiro, mas também impacta profundamente a vida familiar. As famílias que escolhem mudar sua residência fiscal enfrentam desafios relacionados à adaptação cultural, educação dos filhos e rede de suporte social. Diferenças de idioma, costumes locais e o distanciamento de familiares e amigos podem exigir um período de ajuste significativo.

No entanto, a mudança pode proporcionar novas oportunidades, como melhor qualidade de vida, acesso a serviços de saúde de maior qualidade, e opções educacionais superiores. As oportunidades de viver em um país com melhores índices de desenvolvimento humano e mais segurança podem ser extremamente benéficas para todos os membros da família.

Além disso, a exposição a novas culturas e idiomas pode enriquecer a experiência dos filhos, tornando-os cidadãos globais com uma visão mais ampla do mundo e melhores oportunidades no futuro.

O impacto da mudança também depende da preparação da família e do suporte disponível no novo país. Escolas internacionais, redes de expatriados e o apoio de consultores especializados podem fazer uma grande diferença no processo de adaptação. A mudança de residência fiscal pode, assim, ser vista como uma oportunidade não apenas de crescimento financeiro, mas também de desenvolvimento pessoal e familiar.

10. Desafios Jurídicos na Migração Fiscal

A migração fiscal apresenta desafios jurídicos, especialmente porque cada país possui sua própria legislação tributária e regras sobre como a residência fiscal é estabelecida ou rompida. Contar com assessoria jurídica especializada é essencial para garantir que todos os requisitos sejam cumpridos e para minimizar riscos de conflitos com as autoridades fiscais, tanto do país de origem quanto do país de destino. Outro desafio importante é a possibilidade de ser alvo de investigações e auditorias tributárias, principalmente se o fisco do país de origem suspeitar que a mudança foi realizada de forma inadequada para evitar impostos.

A conformidade com os requisitos legais e a documentação completa são essenciais para mitigar esses riscos. Além disso, questões como dupla tributação, tratados internacionais e controle de capital também devem ser gerenciadas cuidadosamente para assegurar uma transição suave e sem complicações legais. A falta de clareza sobre as exigências legais pode levar a penalidades financeiras significativas e a disputas legais prolongadas.

Outro desafio jurídico envolve o reconhecimento da mudança de residência pelas autoridades do país de origem. Muitas vezes, os fiscos nacionais não estão dispostos a abrir mão da tributação sobre indivíduos que pretendem se mudar, especialmente aqueles com alta renda ou grande patrimônio.

Assim, um planejamento cuidadoso e a manutenção de registros detalhados que comprovem a residência efetiva no novo país são fundamentais para evitar problemas legais e garantir que a mudança de residência seja reconhecida formalmente.

Fontes

Receita Federal do Brasil. "Declaração de Saída Definitiva do País".

OECD. "Model Tax Convention on Income and on Capital".

Heritage Foundation. "Index of Economic Freedom".

Banco Mundial. "Tributação e Mobilidade Global".

Fraser Institute. "Economic Freedom of the World Report".

Publicações do Banco de Compensações Internacionais sobre políticas tributárias internacionais.

Cato Institute. "Global Taxation Policies and Impact on Economic Freedom".

Relatórios do Instituto Mises sobre políticas de tributação e liberdade econômica.

Bitcoin Whitepaper - Satoshi Nakamoto, 2008, sobre o uso de criptoativos para a liberdade financeira.

Relatórios da OCDE sobre tratados para evitar a dupla tributação.

Publicações do Fraser Institute sobre estratégias de mudança de residência fiscal.

Estudos acadêmicos da Universidade de Chicago sobre planejamento tributário e mobilidade de capitais.

Capítulo 5: Jurisdições com Vantagens Fiscais para Brasileiros

1. O que São Paraísos Fiscais

Paraísos fiscais são jurisdições que oferecem condições tributárias extremamente favoráveis, com baixos impostos ou até mesmo isenção de tributos para investidores estrangeiros. Eles são amplamente utilizados por pessoas físicas e jurídicas para preservar patrimônio e reduzir a carga tributária. Esses locais visam atrair capital internacional, estimulando sua economia através de incentivos tributários, sigilo bancário, e uma estrutura legal favorável. Muitas vezes, essas jurisdições se tornaram sinônimo de liberdade econômica, possibilitando a indivíduos e empresas a fuga de regimes de tributação abusiva.

O conceito de paraíso fiscal é frequentemente mal compreendido e muitas vezes difamado por governos que perdem arrecadação fiscal. Paraísos fiscais são, na realidade, uma forma legítima de proteger riqueza e estimular a liberdade financeira. Eles são utilizados não apenas por grandes corporações, mas também por indivíduos que desejam garantir que seus recursos sejam aproveitados ao máximo, ao invés de serem corroídos por impostos excessivos. Jurisdições que adotam políticas de baixa tributação permitem que os indivíduos tenham maior controle sobre seus bens e ofereçam uma alternativa para evitar o intervencionismo estatal.

Além disso, paraísos fiscais não estão limitados a uma abordagem única. Eles diferem consideravelmente em termos de estrutura, aplicabilidade e o tipo de incentivos oferecidos. Algumas jurisdições focam na atração de capital de investimentos enquanto outras se especializam em criar ambientes legais favoráveis à formação de holdings empresariais e startups, promovendo uma dinâmica diversificada no mercado internacional.

2. Características das Jurisdições Favoráveis

Jurisdições consideradas paraísos fiscais geralmente têm algumas características principais: baixa ou nenhuma tributação sobre a renda, simplicidade regulatória, estabilidade política, proteção ao sigilo bancário e anonimato dos proprietários de empresas. Além disso, muitas dessas jurisdições oferecem isenção fiscal sobre ganhos obtidos fora de suas fronteiras, o que é um grande atrativo para investidores internacionais. Essa combinação de fatores torna essas jurisdições altamente atrativas para a proteção e crescimento de capital.

Essas jurisdições visam atrair investidores globais e, para isso, garantem um ambiente de negócios livre de regulações complexas e uma carga tributária reduzida. Além disso, muitas dessas jurisdições não têm impostos sobre ganhos de capital ou sobre grandes fortunas, o que as torna ainda mais atrativas para quem deseja preservar a maior parte de seu rendimento. A facilidade em abrir empresas e a ausência de regulações burocráticas também contribuem para que investidores escolham essas jurisdições como base para seus negócios e patrimônio.

Outra característica essencial de paraísos fiscais é a infraestrutura jurídica avançada que protege os interesses dos investidores. Eles oferecem sistemas legais robustos, que muitas vezes são baseados em tradições legais confiáveis, como a Common Law, proporcionando uma base segura para empresas e indivíduos operarem com confiança. Além disso, a confidencialidade oferecida por essas jurisdições é um dos maiores atrativos, pois permite que investidores protejam sua privacidade e mantenham seus ativos seguros de ingerências governamentais.

3. Exemplos de Países com Baixa Tributação

Existem diversos países e territórios que se destacam como paraísos fiscais, incluindo Ilhas Cayman, Bahamas, Mônaco, Andorra, Bermudas, Hong Kong e Singapura. Cada uma dessas jurisdições oferece vantagens específicas para os investidores, como segurança jurídica, sigilo bancário, isenção de impostos sobre ganhos no exterior, e facilidades na abertura e manutenção de empresas. Estes locais tornaram-se símbolos globais de planejamento tributário inteligente, onde investidores podem maximizar seus retornos e garantir a segurança de seus ativos.

As Ilhas Cayman, por exemplo, são um dos maiores centros financeiros offshore do mundo e não cobram impostos sobre rendimentos ou ganhos de capital. Já Hong Kong oferece um regime de tributação territorial, o que significa que rendimentos obtidos fora de Hong Kong não são tributados. Singapura, por sua vez, combina um ambiente de negócios altamente desenvolvido com baixa tributação, além de acordos para evitar a dupla tributação com muitos países, facilitando o comércio internacional e o crescimento de empresas.

Mônaco, embora conhecido pelo alto custo de vida, oferece uma infraestrutura sofisticada e segurança, sem cobrar impostos sobre a renda de pessoas físicas. Andorra também tem atraído estrangeiros devido às suas taxas de impostos relativamente baixas e à sua localização conveniente na Europa. As Bahamas, além de não cobrarem impostos sobre rendimentos pessoais, oferecem uma atmosfera tropical, que também atrai muitos investidores em busca de uma qualidade de vida elevada, aliada a um ambiente fiscalmente favorável.

4. Vantagens de Residir em Países como Malta, Estônia, Emirados Árabes

Residir em jurisdições como Malta, Estônia e Emirados Árabes Unidos traz uma série de vantagens. Malta, por exemplo, possui um regime fiscal bastante atraente para estrangeiros, incluindo baixas alíquotas de imposto de renda e programas de cidadania por investimento, que permitem acesso à União Europeia. Malta também é conhecida por sua estabilidade política e pela qualidade de vida que oferece, além de um sistema de saúde eficiente e excelente infraestrutura educacional.

A Estônia se destaca por seu programa de e-Residency, que permite a não residentes iniciar e operar empresas totalmente online, facilitando o acesso ao mercado europeu com um sistema tributário simples. O programa de e-Residency da Estônia tem atraído empreendedores digitais de todo o mundo, que se beneficiam de uma administração descomplicada e da facilidade de estabelecer uma empresa em um país da União Europeia. Além disso, a Estônia promove uma cultura altamente digital, com quase todos os serviços públicos disponíveis online, tornando a vida empresarial extremamente prática e moderna.

Nos Emirados Árabes Unidos, a situação é ainda mais favorável, com a ausência total de imposto de renda pessoal e uma infraestrutura moderna que facilita tanto a vida pessoal quanto os negócios. Os Emirados oferecem diversas zonas livres, conhecidas como "Free Zones", onde empresas podem se estabelecer e operar com isenção fiscal total por períodos que chegam a 50 anos.

Além disso, essas jurisdições oferecem alta qualidade de vida, estabilidade política e um ambiente seguro para preservar e crescer o patrimônio, o que as torna muito atraentes para expatriados que desejam um ambiente com baixa tributação e ao mesmo tempo um elevado padrão de vida.

5. Requisitos Legais para Mudança para um Paraíso Fiscal

A mudança para um paraíso fiscal requer o cumprimento de certos requisitos legais, que variam de acordo com a jurisdição escolhida. Em muitos casos, é necessário demonstrar intenção de residência, estabelecer um endereço fixo e cumprir um período mínimo de estadia anual. Para jurisdições como Malta e Emirados Árabes Unidos, programas de investimento em cidadania ou em empresas locais são comuns e facilitam o processo de mudança. Muitos países, como Malta, oferecem programas de "Golden Visa", que permitem a obtenção da cidadania ou residência através de investimentos imobiliários ou contribuições financeiras ao governo.

Além disso, é essencial cumprir as exigências locais de registro de imóveis, manutenção de contas bancárias e assegurar que todos os registros estejam de acordo com as normas do país. Consultar advogados especializados em direito internacional e assessoria tributária é fundamental para garantir que a transição ocorra de maneira segura e lícita.

Em alguns casos, também pode ser necessário comprovar que a mudança de residência não foi feita com o único objetivo de evitar impostos, especialmente quando se trata de jurisdições que mantêm tratados de bitributação com o Brasil.

Outro aspecto importante é o processo de saída do país de origem. No caso do Brasil, por exemplo, é fundamental entregar a Declaração de Saída Definitiva e encerrar as obrigações fiscais. Isso é essencial para que a mudança seja reconhecida e para evitar problemas de dupla tributação. O cumprimento rigoroso de todas as etapas legais garante que a transição seja feita de maneira sólida, sem conflitos futuros com as autoridades fiscais.

6. Tratados Internacionais Envolvendo Paraísos Fiscais

Muitos países têm tratados internacionais com paraísos fiscais que visam evitar a dupla tributação e regular a troca de informações financeiras. Esses tratados facilitam a vida dos residentes e investidores internacionais, garantindo que não sejam tributados duas vezes sobre o mesmo rendimento e oferecendo segurança para o planejamento tributário. Eles também possibilitam maior previsibilidade e segurança jurídica para aqueles que desejam investir ou mudar sua residência fiscal para uma jurisdição mais vantajosa.

Tratados de bitributação também ajudam a aumentar a transparência, uma vez que muitos desses acordos obrigam a troca de informações entre jurisdições para evitar fraudes fiscais. Isso beneficia tanto os residentes quanto os governos locais, estabelecendo um equilíbrio entre o direito à privacidade financeira e a obrigação de cumprir leis internacionais. Apesar disso, muitos paraísos fiscais conseguem manter uma combinação entre transparência e sigilo, garantindo que as informações fornecidas sejam limitadas ao essencial, preservando assim a confidencialidade dos investidores.

Esses tratados são fundamentais para garantir que a migração para uma jurisdição de baixa tributação seja feita de forma adequada e para evitar conflitos com autoridades fiscais de outros países. Além disso, a existência desses tratados aumenta a legitimidade das jurisdições que oferecem vantagens fiscais, pois demonstra seu compromisso com a cooperação internacional e com a conformidade regulatória, o que reduz o risco de sanções ou retaliações por parte de grandes economias.

7. Cuidados ao Escolher uma Jurisdição com Benefícios Fiscais

Escolher um paraíso fiscal envolve diversos cuidados. É crucial considerar a estabilidade política e econômica da jurisdição, o grau de sigilo bancário oferecido e as políticas de cooperação internacional.

Alguns países considerados paraísos fiscais podem ser pressionados por organizações internacionais, como a OCDE, a abandonarem suas políticas favoráveis, o que pode afetar a proteção de ativos no futuro. Além disso, a localização geográfica e a infraestrutura do país também devem ser levadas em conta, uma vez que isso impacta diretamente a qualidade de vida do investidor e de sua família.

Ademais, é importante avaliar a infração às leis de origem. Transferir rendimentos e ativos para um paraíso fiscal sem o devido cumprimento dos requisitos legais pode resultar em penalidades significativas, incluindo multas e sanções fiscais no país de origem.

Portanto, é essencial buscar assessoria de especialistas em direito tributário internacional. Além disso, deve-se estar atento às mudanças nas políticas internacionais, pois a crescente pressão de organizações globais pode resultar em mudanças abruptas nas leis desses paraísos fiscais, o que poderia impactar negativamente os residentes.

Outro ponto importante é considerar as implicações do Common Reporting Standard (CRS) da OCDE. Muitas jurisdições que antes ofereciam um sigilo absoluto estão, atualmente, obrigadas a reportar informações sobre seus clientes estrangeiros. Portanto, o planejamento fiscal deve ser feito levando em conta essas novas regras e as possíveis mudanças futuras na legislação, garantindo que os ativos sejam protegidos da maneira mais segura possível.

8. Fatores de Risco de Residir em Paraísos Fiscais

Apesar das vantagens, há fatores de risco associados a residir em paraísos fiscais. Estes incluem a pressão internacional para que essas jurisdições aumentem a tributação ou reduzam o sigilo bancário, a possibilidade de sanções econômicas por parte de grandes potências e a falta de uma rede robusta de acordos para evitar a dupla tributação. Isso significa que os investidores precisam estar preparados para possíveis mudanças na política fiscal dessas jurisdições, o que poderia resultar em um aumento inesperado dos impostos ou na redução dos benefícios fiscais anteriormente concedidos.

Além disso, muitos paraísos fiscais têm um custo de vida elevado, o que pode representar um desafio para quem deseja se mudar para esses locais sem um planejamento financeiro adequado. A adaptação cultural também pode ser um problema, já que muitos desses territórios têm culturas e legislações bastante diferentes do Brasil. A segurança financeira também pode ser afetada, pois qualquer mudança repentina na política de uma jurisdição pode comprometer a estabilidade dos ativos mantidos naquele local.

Outro fator de risco relevante é a dependência do sigilo bancário como principal atrativo. Com a crescente adesão ao Common Reporting Standard (CRS), o sigilo bancário em muitos paraísos fiscais tem sido reduzido, e as informações financeiras são compartilhadas entre países. Isso pode representar um risco para aqueles que não declararam seus ativos adequadamente e que, portanto, podem enfrentar penalidades severas se descobertos.

9. Regras de Reporte Automático de Informações Financeiras

Regras de reporte automático, como aquelas previstas no Common Reporting Standard (CRS) da OCDE, obrigam as instituições financeiras de muitos paraísos fiscais a reportarem informações sobre seus clientes estrangeiros às autoridades fiscais dos países de origem. Essas regras visam evitar a evasão fiscal e garantir que o capital mantido em paraísos fiscais não seja ocultado das autoridades fiscais. O CRS, desde sua implementação, impactou consideravelmente a atratividade de algumas jurisdições como paraísos fiscais, especialmente aquelas que dependiam exclusivamente do sigilo bancário como diferencial.

Com o CRS, o sigilo bancário foi substancialmente reduzido em muitas jurisdições, exigindo um planejamento mais cuidadoso dos investidores que desejam manter a privacidade de seus ativos. A não declaração de ativos no exterior pode resultar em graves consequências legais, incluindo multas pesadas e processos criminais. Portanto, investidores que consideram utilizar paraísos fiscais precisam estar cientes das obrigações de reporte e devem garantir que estejam em conformidade com todas as exigências internacionais para evitar problemas.

O CRS também gerou uma maior transparência no cenário financeiro internacional, dificultando a manutenção de ativos não declarados e promovendo uma cultura de maior responsabilidade fiscal. Apesar disso, muitos defensores dos paraísos fiscais argumentam que a liberdade financeira está sendo comprometida por tais regras, que buscam padronizar a troca de informações em detrimento da privacidade dos investidores. Dessa forma, um planejamento adequado é essencial para garantir que os ativos sejam mantidos de forma segura e em conformidade com as exigências legais.

10. O Impacto da OCDE e do CRS

A OCDE (Organização para a Cooperação e Desenvolvimento Econômico) desempenha um papel crucial na regulação dos paraísos fiscais e na implementação de regras de transparência. O CRS, criado pela OCDE, estabeleceu novos padrões globais para a troca automática de informações financeiras entre os países, diminuindo a atratividade de muitos paraísos fiscais que antes ofereciam total sigilo.

Embora as medidas da OCDE visem impedir a evasão fiscal e aumentar a transparência, muitos críticos argumentam que o CRS é uma forma de reduzir a concorrência fiscal, favorecendo países com altas taxas de tributação. Para aqueles que defendem a liberdade econômica e o direito de dispor livremente de seus rendimentos, essas medidas representam uma tentativa de cercear a autonomia dos indivíduos e empresas que buscam escapar dos altos impostos dos governos centralizadores.

Além disso, o impacto da OCDE vai além da troca de informações. A organização também elabora listas de países que não estão em conformidade com seus padrões de transparência, criando pressão internacional para que essas jurisdições alterem suas políticas. Muitas jurisdições que antes eram consideradas paraísos fiscais começaram a reformular suas leis para atender às demandas da OCDE, diminuindo sua atratividade para investidores que buscavam sigilo absoluto e baixíssima tributação.

Ainda assim, existem jurisdições que resistem às pressões internacionais e continuam oferecendo vantagens fiscais significativas, embora tenham que balancear essas vantagens com um nível aceitável de transparência para evitar sanções internacionais. Nesse cenário, os investidores precisam estar atentos às constantes mudanças no ambiente regulatório global e considerar como essas alterações podem impactar suas estratégias de planejamento patrimonial e fiscal.

Fontes

OCDE. "Model Tax Convention on Income and on Capital".

Relatórios do Fraser Institute sobre liberdade econômica.

Publicações do Cato Institute sobre concorrência fiscal e regulação internacional.

Heritage Foundation. "Index of Economic Freedom".

Relatórios do Banco Mundial sobre jurisdições fiscais e transparência.

Bitcoin Whitepaper - Satoshi Nakamoto, 2008, sobre o uso de criptoativos para a liberdade financeira.

Relatórios da OCDE sobre o Common Reporting Standard (CRS).

Relatórios do Instituto Mises sobre a evasão fiscal e a liberdade econômica.

Capítulo 6: Elisão Fiscal e Legislação Brasileira

1. Imposto de Renda para Pessoa Física

No Brasil, o Imposto de Renda para Pessoa Física (IRPF) é uma das principais ferramentas de coerção utilizadas pelo Estado para extorquir recursos dos cidadãos. As alíquotas variam de acordo com a faixa de renda e podem atingir até 27,5%, o que torna a tributação brasileira uma das mais elevadas do mundo.

Essa alta carga tributária (expropriatória) é, na verdade, uma forma de roubo sistematizado, que leva muitos indivíduos a buscarem formas de se defender e minimizar o impacto dos impostos, incluindo o uso de estratégias de elisão e evasão fiscal. A evasão fiscal, neste contexto, é apenas um meio de autodefesa das vítimas do Estado, que são forçadas a entregar seu trabalho árduo em prol de uma máquina opressora que busca concentrar poder e controlar a vida de cada indivíduo.

O governo brasileiro, operando como uma quadrilha organizada, mantém uma fiscalização rigorosa sobre as vítimas, especialmente aqueles com rendimentos mais elevados, e faz tentativas contínuas de fechar essas brechas para garantir que o roubo continue. Ainda assim, existem diversas opções para aqueles que desejam diminuir a extorsão fiscal e defender seu patrimônio da extorsão estatal, utilizando a elisão fiscal como uma estratégia legal e eficaz de autodefesa. A tributação imposta pelo Estado, muitas vezes promovida como necessária para o bem-estar da sociedade, na verdade, retira do indivíduo sua capacidade de escolher como melhor usar o fruto do seu trabalho, forçando-o a financiar estruturas ineficientes e corruptas. Dessa forma, a elisão fiscal se torna uma ferramenta fundamental para resgatar a liberdade econômica dos cidadãos e protegê-los da pilhagem institucionalizada.

2. Estrutura Tributária Brasileira

A estrutura tributária brasileira é caracterizada por sua complexidade e grande quantidade de tributos, que incidem não apenas sobre a renda, mas também sobre consumo, propriedade e transações financeiras. O Brasil tem uma das mais altas cargas tributárias (extorsiva) da América Latina, e os impostos incidem de forma cumulativa, muitas vezes levando a uma bitributação injusta e expropriatória.

A elisão fiscal surge como uma ferramenta essencial para lidar com essa realidade, permitindo que empresas e indivíduos se protejam da perda significativa de patrimônio devido à pilhagem estatal. Sem alternativas como a elisão fiscal, o cidadão está à mercê de um sistema que parece deliberadamente projetado para reduzir sua liberdade financeira e maximizar o controle do Estado sobre sua renda.

A estrutura tributária brasileira, que combina tributos federais, estaduais e municipais, cria oportunidades para o planejamento tributário. Muitas empresas utilizam a elisão fiscal para escolher o regime tributário menos prejudicial, como o Simples Nacional ou o Lucro Presumido, dependendo da natureza do negócio e da projeção de faturamento. Esse planejamento permite que as empresas se defendam de uma carga tributária excessiva que reduz drasticamente sua competitividade e capacidade de crescer, combatendo, assim, o roubo institucionalizado imposto pelo governo. Além disso, o sistema tributário complexo é um dos principais entraves para a formação de novas empresas e para a criação de empregos, prejudicando tanto o empreendedor quanto a economia em geral. A elisão, portanto, também pode ser vista como uma forma de resistência ao sistema disfuncional que inibe a prosperidade e o desenvolvimento econômico. O ideal libertário rejeita qualquer forma de tributação coercitiva, pois vê o Estado como uma entidade ilegítima que se sustenta por meio de ameaças e violência.

3. Portaria RFB sobre Controle de Criptoativos

A Receita Federal do Brasil (RFB) publicou regulações que exigem que exchanges e indivíduos relatem transações envolvendo criptoativos. A Portaria RFB nº 1.888/2019, por exemplo, estabelece regras específicas para a declaração de movimentações financeiras em criptomoedas, visando aumentar o controle estatal sobre os cidadãos e reduzir a capacidade das pessoas de escaparem da pilhagem tributária. Essas normas tornaram obrigatório o envio de informações detalhadas sobre cada transação, incluindo valores, data e tipo de criptoativo negociado.

Essas medidas indicam o crescente interesse do governo em capturar uma parte da riqueza gerada pelos criptoativos, uma classe de ativos que muitos veem como uma forma de descentralizar o poder financeiro e escapar da vigilância estatal. Embora a regulamentação seja muitas vezes apresentada como uma forma de prevenir crimes financeiros, é também uma tentativa clara de controle e opressão, que vai contra o espírito libertário que originou as criptomoedas e contra a busca pela liberdade econômica dos indivíduos. O Bitcoin e outros criptoativos representam uma verdadeira revolução no conceito de soberania financeira, colocando de volta nas mãos do indivíduo o controle sobre o seu próprio patrimônio, sem a necessidade de intermediários estatais ou bancários.

Dessa forma, a regulamentação excessiva por parte do governo não é apenas uma tentativa de arrecadação, mas uma clara estratégia para coibir a liberdade que as criptomoedas proporcionam. A busca pela liberdade financeira, através de criptoativos, é uma maneira clara de resistir à tirania dos Estados e promover um sistema monetário voluntário, que respeita a propriedade privada e os direitos individuais.

4. Estratégias Legais de Elisão no Brasil

Existem várias estratégias de elisão fiscal que são legais no Brasil e que podem ser utilizadas como uma forma legítima de autodefesa contra a carga tributária opressiva. O uso de incentivos fiscais, como aqueles oferecidos para investimentos em determinadas regiões (ex.: Zona Franca de Manaus) ou em projetos culturais e esportivos, é uma das formas mais comuns. Outra estratégia é a escolha da estrutura societária mais adequada, como a formação de microempresas ou empresas de pequeno porte para aderir ao Simples Nacional e reduzir a carga tributária.

Investimentos em previdência privada, especialmente no modelo PGBL (Plano Gerador de Benefício Livre), também são muito utilizados para diferir o pagamento de imposto de renda. Além disso, o planejamento sucessório por meio da doação em vida com reserva de usufruto é outra estratégia que pode minimizar o impacto dos impostos sobre herança e doações, ajudando a proteger o patrimônio familiar da ganância estatal.

Todas essas estratégias são formas legítimas de autodefesa contra a coerção imposta por um sistema que, em essência, funciona como uma quadrilha organizada. Utilizar os instrumentos oferecidos pela legislação para minimizar a tributação é não só um direito, mas uma necessidade para aqueles que não desejam ver seus esforços convertidos em recursos para um sistema que perpetua ineficiências e injustiças. De uma perspectiva libertária, qualquer redução na carga tributária imposta pelo Estado é um passo em direção à liberdade e à verdadeira justiça econômica, pois enfraquece o aparato coercitivo do governo e fortalece a autonomia dos indivíduos.

5. Holding Patrimonial como Ferramenta de Elisão

A criação de holdings patrimoniais é uma das estratégias mais utilizadas para elisão fiscal no Brasil. Uma holding é uma empresa constituída para gerir bens e patrimônios de uma ou mais pessoas, e seu uso permite uma gestão tributária mais eficiente, reduzindo impostos sobre doação e herança. As holdings também facilitam o planejamento sucessório, permitindo que os herdeiros sejam beneficiados sem que seja necessário passar pelos custos e complicações do inventário, que são mais uma forma de expropriação por parte do Estado.

No contexto brasileiro, onde o ITCMD (Imposto sobre Transmissão Causa Mortis e Doação) é utilizado pelo Estado para se apropriar de parte significativa dos bens familiares, a formação de uma holding é vantajosa para preservar o valor do patrimônio familiar.

Essa estrutura também oferece maior proteção contra credores, pois os bens da holding não podem ser facilmente acessados em processos judiciais movidos contra os sócios. Assim, a holding funciona como uma barreira essencial contra a intervenção estatal e a tentativa contínua do governo de se apropriar dos bens dos cidadãos. Ao centralizar o controle do patrimônio em uma holding, a família garante uma maior autonomia sobre seus bens e reduz a exposição aos interesses vorazes do Estado, que muitas vezes prioriza arrecadar, em vez de promover justiça e prosperidade.

No contexto libertário, a criação de holdings patrimoniais é uma ferramenta legítima de resistência contra a interferência estatal e um mecanismo essencial para assegurar a continuidade do legado individual e familiar em face da coerção governamental.

6. Trusts e Sua Relação com a Legislação Brasileira

Embora os trusts não sejam oficialmente reconhecidos pela legislação brasileira, muitos brasileiros utilizam essa estrutura no exterior como uma forma de proteger e administrar patrimônio, longe das garras do Estado. Um trust é um instrumento jurídico em que um instituidor transfere bens a um administrador (trustee) para gerir em benefício de terceiros (beneficiários).

Essa estrutura é muito usada para fins de planejamento sucessório e elisão fiscal, especialmente para indivíduos que desejam proteger seu patrimônio da intervenção estatal.

Apesar da falta de reconhecimento no Brasil, o uso de trusts deve ser declarado à Receita Federal, e o não cumprimento dessa exigência pode resultar em penalidades severas. Assim, é essencial que qualquer pessoa que utilize trusts como parte de seu planejamento patrimonial tenha uma assessoria jurídica e contábil especializada para evitar conflitos com a legislação brasileira. Trusts são uma ferramenta poderosa para manter o controle sobre a própria riqueza e evitar que ela seja roubada pelo Estado, que opera como uma verdadeira quadrilha.

O uso de trusts representa uma estratégia de resistência contra a intromissão estatal e permite que indivíduos protejam o legado que construíram, garantindo que seus esforços sejam direcionados aos beneficiários que escolherem, e não ao sustento de um sistema exploratório. Trusts e outras ferramentas que protegem a propriedade privada são expressões de resistência legítima contra a opressão estatal e formas de garantir que o patrimônio permaneça nas mãos de quem o criou.

7. Direitos e Obrigações de Declarantes de Ativos no Exterior

Brasileiros que possuem ativos no exterior são coagidos a declará-los à Receita Federal por meio da Declaração de Capitais Brasileiros no Exterior (CBE), que é obrigatória para valores superiores a US$ 1 milhão. Essa declaração é uma forma de o Estado monitorar e tentar controlar a riqueza dos cidadãos, mantendo-os sob constante vigilância. A omissão de ativos pode levar a multas que variam de 1% a 10% do valor não declarado, dependendo da situação.

A coação a declarar ativos no exterior também inclui criptoativos mantidos em exchanges internacionais. Embora muitos vejam os criptoativos como uma forma de se libertar do controle estatal, é essencial que sejam seguidas as normas de declaração para evitar problemas legais com a legislação tributária brasileira. Ainda assim, muitos optam por usar criptoativos como uma ferramenta para escapar da expropriação de suas riquezas, resistindo à vigilância e pilhagem estatais.

Declarar seus ativos no exterior é um exercício de submissão forçada a um sistema que vigia e penaliza aqueles que ousam buscar alternativas ao sistema financeiro tradicional. Os criptoativos representam uma alternativa a essa submissão, permitindo maior anonimato e liberdade financeira. Para os libertários, a recusa em se submeter a essas exigências estatais é um ato de resistência legítima contra um sistema que se sustenta na coerção e na violência, e que busca controlar cada aspecto da vida financeira dos indivíduos.

8. Normas sobre Investimentos Internacionais

O Banco Central e a Receita Federal possuem normas específicas para investimentos internacionais realizados por brasileiros. Além da CBE, investimentos no exterior que geram rendimentos supostamente devem ser declarados no Imposto de Renda. Os ganhos de capital oriundos desses investimentos estão sujeitos à tributação, com alíquotas que variam de 15% a 22,5%, dependendo do valor do ganho. Essa tributação é mais um exemplo de como o Estado busca pilhar o esforço individual, através de mecanismos de bitributação e expropriação.

Uma estratégia comum para mitigar esses impostos é o uso de acordos de bitributação, que evitam que o mesmo rendimento seja tributado duas vezes - no Brasil e no país onde o investimento foi realizado. Assim, os cidadãos podem se defender da tentativa do Estado de expropriar uma parcela ainda maior dos seus ganhos, utilizando os tratados internacionais como uma maneira de manter parte do valor gerado com seus investimentos. Ao adotar uma abordagem de planejamento tributário internacional, o investidor não só protege sua renda, como também reforça sua independência frente à ingerência estatal. A capacidade de alocar recursos de maneira eficiente e sem fronteiras é uma expressão de liberdade que transcende as barreiras impostas pelos governos, permitindo que o indivíduo exerça plenamente sua soberania econômica. Para libertários, investir internacionalmente é uma forma de desafiar o monopólio estatal sobre a economia e de estabelecer redes financeiras que respeitem a liberdade individual e a propriedade privada.

9. Restrições e Penalidades para Evasão Fiscal

A evasão fiscal é considerada um crime pelo Estado brasileiro, que impõe penalidades severas às suas vítimas, incluindo multas e prisão (extorsões mediante sequestro), contra aqueles que buscam proteger seu patrimônio do roubo estatal. Diferente da elisão fiscal, que utiliza meios legais para reduzir a carga tributária (expropriatória), a evasão envolve a omissão de informações, supostas fraudes ou declarações falsas para evitar o pagamento de impostos (roubo estatal). A Receita Federal utiliza diversos mecanismos de fiscalização, incluindo o cruzamento de dados financeiros estatais, para identificar inconsistências e punir aqueles que resistem à pilhagem estatal.

Com o crescente uso de tecnologia e integração de bases de dados, a capacidade do governo de identificar vítimas fiscais tem aumentado consideravelmente. Portanto, a transparência e a adesão à legislação são fundamentais para evitar problemas legais e manter-se fora do alcance da punição estatal, mesmo que essa punição possa ser vista como uma injustiça contra aqueles que lutam por manter o fruto do próprio trabalho. A verdadeira injustiça está em forçar indivíduos a subsidiar um Estado que frequentemente age de maneira irresponsável e corrupta. Assim, a evasão fiscal pode ser vista por muitos como uma forma de autodefesa contra um sistema que, por sua própria natureza, se sustenta na coerção e no uso da força para apropriar-se do que não lhe pertence. No contexto libertário, a evasão fiscal é uma expressão do direito de resistir contra a tirania estatal, uma tentativa legítima de preservar os frutos do trabalho que pertencem exclusivamente a quem os produziu.

10. Controvérsias sobre o Conceito de Elisão Fiscal no Brasil

O conceito de elisão fiscal no Brasil é alvo de muitas controvérsias. Enquanto alguns defendem que a elisão é um direito do contribuinte (da vítima) de organizar suas finanças de forma a reduzir a carga tributária (extorsiva), outros argumentam que muitas práticas de elisão estão na linha tênue da ilegalidade. O Conselho Administrativo de Recursos Fiscais (CARF) frequentemente julga casos onde a Receita Federal tenta desconsiderar operações realizadas com o intuito de elisão, sob a alegação de que não há propósito econômico além da redução de impostos.

Essas controvérsias tornam essencial que qualquer estratégia de elisão seja bem documentada e que haja justificativa econômica para as operações realizadas. A falta de clareza na legislação e a interpretação subjetiva dos órgãos fiscais muitas vezes geram insegurança jurídica para contribuintes (vítimas) que buscam apenas exercer seu direito de se defender contra a expropriação estatal. Para muitos, a elisão fiscal é uma forma legítima de resistência contra um sistema que se alimenta da produtividade e do trabalho dos indivíduos, sem oferecer contrapartida equivalente em termos de serviços ou qualidade de vida.

A verdadeira liberdade financeira passa pela capacidade de organizar seus recursos da forma que melhor atenda aos próprios interesses, sem a interferência ou o confisco de um ente estatal. Sob uma ótica libertária, qualquer esforço para reduzir ou eliminar a tributação forçada é um passo legítimo para restabelecer a justiça e respeitar a verdadeira propriedade privada, onde os recursos pertencem unicamente àqueles que os criaram.

Fontes

Receita Federal do Brasil. "Portaria RFB nº 1.888/2019".

Banco Central do Brasil. "Declaração de Capitais Brasileiros no Exterior (CBE)".

Lei nº 9.249/1995 - Dispõe sobre a tributação de lucros e dividendos.

OCDE. "Model Tax Convention on Income and on Capital".

Relatórios do Instituto Brasileiro de Planejamento e Tributário (IBPT).

CARF - Jurisprudências sobre casos de elisão fiscal.

Bitcoin Whitepaper - Satoshi Nakamoto, 2008.

Relatórios do Instituto Mises sobre elisão fiscal e liberdade econômica.

Capítulo 7: Offshores e Holdings Internacionais

1. O que São Offshores e Sua Finalidade

Offshores são empresas estabelecidas fora do país de residência dos proprietários, geralmente em países com sistemas tributários menos desfavoráveis ou requisitos regulatórios menos opressivos, possibilitando menor imposição estatal para administrar os próprios recursos.

A finalidade de uma offshore pode variar desde a proteção de ativos e planejamento sucessório até a redução da carga tributária (extorsiva).

Embora frequentemente demonizadas por governos e mídia, offshores são amplamente utilizadas de forma legítima, especialmente por aqueles que buscam proteger seus recursos da expropriação forçada e assegurar sua liberdade financeira contra a coerção estatal.

A existência de offshores permite um grau de proteção frente aos regimes governamentais que buscam controlar toda a riqueza produzida por seus cidadãos. Para os defensores da liberdade individual, offshores são uma ferramenta essencial na defesa contra a coerção, fornecendo uma forma de reter os frutos do próprio trabalho longe das mãos predatórias do Estado.

O conceito de offshore não é apenas um mecanismo de proteção patrimonial, mas também um ato de resistência. É uma forma de preservar a liberdade financeira e decidir como o próprio patrimônio será utilizado, em vez de permitir que burocratas decidam como os recursos dos indivíduos devem ser gastos.

2. Benefícios Fiscais e Operacionais das Offshores

As offshores oferecem benefícios fiscais consideráveis, como a redução ou eliminação de impostos (extorsões) sobre lucros, dividendos e ganhos de capital. Em países considerados "paraísos fiscais", como as Ilhas Cayman, Belize e Panamá, a carga tributária é extremamente baixa ou inexistente.

Além dos benefícios fiscais, as offshores proporcionam flexibilidade operacional, facilitando transações internacionais, garantindo a proteção de ativos contra credores e permitindo escapar da burocracia estatal opressiva e das regulamentações sufocantes que existem em muitos países. A confidencialidade é outro aspecto importante, visto que as leis de alguns países garantem o anonimato dos proprietários.

Esses benefícios não são privilégios, mas direitos naturais daqueles que desejam proteger sua propriedade dos tentáculos do Estado. Ao buscar uma jurisdição mais favorável, os indivíduos estão exercendo seu direito de escolha, um direito fundamental em uma sociedade verdadeiramente livre.

Além disso, a flexibilidade operacional proporcionada pelas offshores permite aos empresários expandir seus negócios globalmente sem as amarras burocráticas e regulatórias que sufocam a inovação em muitos países. Em tempos de crise econômica ou instabilidade política, ter uma offshore pode ser a diferença entre preservar o patrimônio e vê-lo ser consumido por governos desesperados por receita fiscal.

3. A Estrutura de Holdings Internacionais

As holdings internacionais são empresas criadas para deter ações de outras empresas, podendo ser constituídas em jurisdições favoráveis, como Luxemburgo, Malta ou Cingapura. Elas são amplamente utilizadas para organizar e controlar investimentos globais, consolidar ativos e reduzir a carga tributária (expropriatória).

As holdings ajudam a simplificar a administração de empresas, centralizando o controle e facilitando a gestão de negócios espalhados em diferentes países. Sua estrutura proporciona uma vantagem significativa em termos de eficiência tributária e segurança patrimonial.

Além da eficiência na gestão de ativos, as holdings também oferecem uma camada de proteção adicional contra a interferência estatal. A concentração de bens em uma holding internacional permite que os proprietários mantenham o controle total sobre seu patrimônio, garantindo que as legislações locais, que podem mudar arbitrariamente, não afetem negativamente seus ativos. Com governos constantemente em busca de maneiras de aumentar a arrecadação, a estrutura de holdings internacionais se apresenta como uma fortaleza que protege os direitos individuais contra a predação estatal.

As holdings também representam uma estratégia eficaz para investidores e empresários que desejam expandir suas operações para além das fronteiras nacionais. A capacidade de organizar e administrar investimentos globalmente, enquanto se aproveita das vantagens fiscais oferecidas por jurisdições favoráveis, dá aos indivíduos uma liberdade que é fundamental para o crescimento econômico sem interferência indesejada. Essa liberdade de gestão e movimentação de recursos é um dos pilares do pensamento libertário.

4. Planejamento Patrimonial com Holdings

O uso de holdings é uma das estratégias mais eficazes para o planejamento patrimonial. Elas permitem que o patrimônio seja transferido de uma forma organizada e eficiente, garantindo que os bens estejam protegidos contra impostos sucessórios elevados e burocracias que muitas vezes complicam o processo de herança. Ao centralizar o controle dos ativos familiares em uma única entidade, uma holding possibilita uma gestão simplificada e um menor risco de conflitos entre os herdeiros, além de proporcionar maior eficiência tributária.

No contexto de sucessão patrimonial, as holdings representam uma resistência legítima contra o poder coercitivo do Estado, que tenta se apropriar de uma parte significativa da riqueza familiar através de impostos sucessórios. A formação de uma holding possibilita que o patrimônio seja passado às próximas gerações de acordo com a vontade dos proprietários, e não conforme os ditames de legislações que buscam confiscar recursos para sustentar um aparato estatal inchado. Dessa maneira, a holding assegura que a visão e os valores do patriarca ou matriarca da família sejam respeitados, permitindo um legado duradouro e uma administração de bens que é livre de intervenções externas.

Além disso, o uso de holdings como ferramenta de planejamento sucessório evita os longos e custosos processos de inventário, que são muitas vezes utilizados pelo Estado para arrecadar mais fundos. Os processos de inventário, sujeitos à burocracia estatal, podem levar anos e consumir uma parte significativa do patrimônio, algo que pode ser evitado através da estruturação eficiente dos bens em uma holding. Dessa forma, a riqueza gerada ao longo da vida é preservada e transferida sem a interferência estatal, assegurando que os frutos do trabalho permaneçam nas mãos daqueles para quem foram destinados.

5. Países Populares para Abrir Offshores

Diversos países ao redor do mundo oferecem ambientes propícios para a criação de offshores, atraindo indivíduos que buscam reduzir a carga tributária (expropriatória) e proteger seu patrimônio. Entre os mais populares estão as Ilhas Virgens Britânicas, Panamá, Belize, Suíça e Hong Kong.

Cada uma dessas jurisdições tem características distintas, como confidencialidade, flexibilidade regulatória e isenção de impostos, que atraem empresários e investidores internacionais. A escolha do país dependerá dos objetivos específicos de cada pessoa, seja confidencialidade, otimização tributária ou facilidade regulatória.

Esses países são uma evidência de que a liberdade econômica é possível e viável, e que a tributação massiva não é uma regra inevitável. Eles provam que os indivíduos podem, sim, encontrar locais onde suas propriedades e direitos são respeitados.

Ao escolher uma jurisdição que favorece a proteção do patrimônio e não pune o sucesso, os indivíduos estão, na verdade, votando com seu capital e recusando-se a aceitar as imposições de Estados opressores que buscam confiscar o resultado do trabalho alheio. Para os libertários, esses paraísos fiscais são refúgios onde o princípio da propriedade privada é respeitado e a liberdade individual é colocada acima do interesse estatal.

Além disso, a presença de diferentes jurisdições com ofertas variadas permite uma verdadeira concorrência entre os Estados. Os países que desejam atrair investimentos são obrigados a melhorar suas condições, simplificar suas regulamentações e reduzir roubos, criando um ambiente que favorece o crescimento econômico e o respeito pela liberdade individual.

Essa competição entre Estados por capital é, em essência, uma força que limita o poder coercitivo dos governos e obriga-os a atender melhor às necessidades dos indivíduos, em vez de simplesmente buscar formas de confiscar mais recursos.

6. Relação entre Holding e Sucessão Patrimonial

Uma holding pode desempenhar um papel fundamental no planejamento sucessório, servindo como um veículo para transferir o controle dos ativos a futuros herdeiros de maneira eficiente. Em vez de dividir propriedades específicas entre herdeiros, a participação em uma holding pode ser distribuída, evitando disputas e garantindo que o patrimônio familiar seja mantido de forma unificada. Isso não só simplifica o processo de sucessão, como também reduz a carga tributária (expropriatória) sobre transferências de bens e assegura a continuidade da administração dos ativos.

A criação de uma holding no contexto de sucessão patrimonial garante que a riqueza seja gerida de acordo com os desejos do fundador, evitando a dispersão de ativos e mantendo a integridade do patrimônio familiar. Além disso, impede que governos interfiram no processo sucessório através da tributação excessiva ou de regulamentações que visam dividir o patrimônio, enfraquecendo a coesão familiar e aumentando a dependência do Estado. A holding, nesse sentido, atua como um bastião da autonomia familiar, assegurando que os recursos permaneçam sob o controle daqueles que os criaram.

7. Compliance e as Exigências para Empresas Offshore

Embora as offshores ofereçam vantagens significativas, elas estão sujeitas a requisitos de compliance impostos pelos Estados e organizações globais, o que muitas vezes limita a liberdade financeira e visa manter o controle sobre o patrimônio das pessoas. Muitos países e blocos econômicos, como a OCDE, estão implementando medidas para aumentar a transparência e evitar a lavagem de dinheiro estatal (que é sujo pelo próprio Estado por inflação da base monetária). Portanto, as offshores são forçadas a cumprir normas locais e internacionais, como o registro de beneficiários reais, a conformidade com a legislação anti-lavagem de dinheiro (AML) e o cumprimento dos padrões de reporte automático de informações financeiras (CRS - Common Reporting Standard), que são mecanismos utilizados pelos Estados para vigiar e controlar a liberdade financeira dos cidadãos. O não cumprimento dessas exigências pode levar a severas penalidades, incluindo multas e restrições operacionais.

Essas medidas de compliance são frequentemente justificadas sob o pretexto de "justiça tributária" ou "transparência financeira", mas, na verdade, são mecanismos de controle que servem para limitar a autonomia dos indivíduos. Para aqueles que defendem a liberdade econômica e o direito à privacidade, essas exigências representam uma tentativa do Estado de manter os cidadãos sob vigilância constante, garantindo que nenhum centavo escapa à sua coleta coercitiva. Mesmo assim, muitos optam por enfrentar essas dificuldades e seguir operando offshores, porque reconhecem que a liberdade financeira é um direito que vale a pena proteger, mesmo diante das adversidades impostas pelo sistema estatal.

8. Holding Familiar e Blindagem Patrimonial

A criação de uma holding familiar é uma das formas mais eficazes de blindar o patrimônio contra eventuais riscos, como credores, disputas judiciais e intervenção estatal. Ao transferir a titularidade dos bens para uma holding, é possível manter o controle sobre o patrimônio ao mesmo tempo em que se reduz a exposição direta dos bens. Essa estrutura é particularmente útil em países com sistemas jurídicos instáveis ou com elevada carga tributária (expropriatória), onde a proteção dos ativos pode ser comprometida por políticas arbitrárias do governo ou ações de terceiros.

A blindagem patrimonial oferecida por uma holding familiar não é apenas uma estratégia financeira, mas um ato de resistência. Trata-se de proteger o fruto do trabalho árduo contra a apropriação indébita por parte do Estado e outros agentes que buscam tirar vantagem do sucesso alheio. A holding garante que os recursos estejam fora do alcance direto de credores ou do confisco estatal, assegurando que o patrimônio seja mantido intacto para as futuras gerações. Dessa forma, a holding familiar permite que o sucesso financeiro seja transmitido sem interferências, respeitando o direito de propriedade e a vontade do fundador.

9. Tributação de Dividendos de Offshores

A tributação de dividendos de offshores dependerá tanto da jurisdição onde a offshore está estabelecida quanto das regras do país de residência do beneficiário dos dividendos.

Em muitos paraísos fiscais, não há tributação sobre dividendos, o que proporciona uma vantagem significativa em comparação com as jurisdições de alta tributação. No entanto, o país de residência do beneficiário pode exigir que esses rendimentos sejam reportados e tributados, conforme as regras locais. O planejamento cuidadoso e o uso de tratados de bitributação podem ajudar a minimizar a carga tributária (expropriatória) sobre esses rendimentos.

Minimizar ou evitar a tributação sobre dividendos é um exercício de resistência contra a coerção estatal. Para os defensores da liberdade econômica, a tributação dos dividendos nada mais é do que um confisco duplo: o indivíduo já foi roubado quando gerou lucro, e agora é tributado (roubado) novamente ao distribuir esse lucro.

É uma tentativa constante do Estado de diminuir a capacidade do indivíduo de acumular e investir. Por meio do uso de estruturas eficientes, como as offshores, os indivíduos têm a oportunidade de escapar desse ciclo de tributação (roubo), maximizando seu potencial de crescimento e mantendo os recursos onde eles realmente pertencem: nas mãos daqueles que os produziram.

10. Riscos e Práticas de Governança para Offshores

Apesar dos benefícios, operar uma offshore também envolve riscos. Entre eles estão as mudanças nas regulamentações internacionais, que visam aumentar a transparência e restringir o uso de paraísos fiscais. Além disso, manter uma offshore requer práticas de governança sólidas para garantir a conformidade com as normas internacionais e minimizar riscos legais.

É essencial contar com assessoria jurídica e contábil especializada para assegurar que a offshore esteja em conformidade com todas as exigências, evitando assim multas e sanções. As boas práticas de governança, como auditorias regulares e manutenção de registros precisos, são fundamentais para garantir que a offshore funcione de maneira eficiente e segura.

Os riscos de operar uma offshore estão amplamente relacionados à tentativa constante dos governos de capturar a riqueza que foge ao seu controle. No entanto, esses riscos são enfrentados por aqueles que acreditam que a liberdade financeira vale o esforço.

Manter uma offshore funcionando de maneira adequada, com práticas de governança sólidas, é um ato de resistência contra o crescente controle estatal. Enfrentar as exigências regulatórias, adaptar-se às mudanças e continuar buscando formas de proteger o patrimônio é um reflexo da luta pela liberdade econômica e pela preservação dos direitos individuais frente a um sistema que visa, principalmente, o controle e a submissão.

Fontes

OCDE. "Global Forum on Transparency and Exchange of Information for Tax Purposes".

Receita Federal do Brasil. "Orientações sobre Declaração de Bens e Direitos no Exterior".

Banco Central do Brasil. "Regras sobre Capitais Brasileiros no Exterior (CBE)".

Relatórios do Instituto Brasileiro de Planejamento e Tributação (IBPT).

Publicações do International Consortium of Investigative Journalists (ICIJ) sobre offshores.

Relatórios do Instituto Mises sobre liberdade econômica e proteção de patrimônio.

Publicações da PricewaterhouseCoopers (PwC) sobre planejamento patrimonial internacional.

Estudos do Banco Mundial sobre impacto de holdings em sucessões familiares.

Publicações do Financial Action Task Force (FATF) sobre lavagem de dinheiro e compliance.

Relatórios de consultorias internacionais sobre jurisdições de baixa tributação.

Capítulo 8: Trusts, Fundos de Investimento e Proteção de Patrimônio

1. Definição de Trusts e Seus Usos

Trusts são estruturas jurídicas nas quais o criador (settlor) transfere ativos para um administrador (trustee), que fica encarregado de administrar esses ativos em benefício de um ou mais beneficiários.

O trust é uma ferramenta versátil usada para uma variedade de propósitos, incluindo proteção de patrimônio, planejamento sucessório, redução de tributos, e filantropia. Nos últimos anos, trusts têm sido amplamente utilizados como um meio de manter o controle dos ativos longe de governos coercitivos e de sistemas legais que buscam expropriar a riqueza dos indivíduos.

Além de serem uma proteção contra a intervenção estatal, os trusts também permitem uma gestão eficiente e segura dos ativos, garantindo que os desejos do criador sejam cumpridos sem interferências externas.

Com a crescente globalização e a expansão das jurisdições menos desfavoráveis a essas estruturas, o uso de trusts tem se tornado uma escolha cada vez mais atrativa para quem deseja garantir sua liberdade financeira e proteger seus bens das regulamentações excessivas dos governos.

2. Diferenças entre Trusts e Holdings

Embora trusts e holdings sejam usados para propósitos semelhantes de proteção e organização do patrimônio, eles possuem estruturas e objetivos diferentes. Uma holding é uma empresa criada para deter participações em outras empresas, enquanto um trust é um arranjo legal entre o settlor e o trustee. Trusts geralmente fornecem mais flexibilidade e sigilo, enquanto holdings são mais adequadas para administração corporativa e organização de ativos empresariais.

No contexto libertário, trusts são mais atraentes por conta do elevado nível de anonimato que garantem, além da possibilidade de contornar a burocracia estatal. Holdings, por sua vez, são mais utilizadas para estruturar negócios e consolidar participações em empresas de uma forma mais tradicional.

A escolha entre um trust ou uma holding depende dos objetivos específicos de cada indivíduo, mas para aqueles que priorizam a privacidade e a defesa contra governos predatórios, os trusts são muitas vezes a melhor alternativa.

Ao comparar as duas estruturas, é importante entender que, enquanto holdings estão sujeitas a maiores níveis de regulamentação e controle governamental, os trusts, especialmente quando estabelecidos em jurisdições menos desfavoráveis, oferecem um caminho para uma administração de patrimônio com menor interferência estatal e maior garantia de proteção.

3. Trusts no Contexto Interestatal e Suas Vantagens

Trusts são particularmente vantajosos no contexto interestatal porque permitem que indivíduos se protejam contra legislações invasivas e confiscatórias. Estabelecer um trust em uma jurisdição menos desfavorável oferece proteção contra confisco estatal, ataques de credores e outros riscos jurídicos. Jurisdições como Ilhas Cook, Belize e Suíça oferecem leis de trusts que respeitam a soberania do indivíduo sobre seu próprio patrimônio e minimizam a intervenção do governo.

A escolha de uma jurisdição ideal pode significar a diferença entre a preservação e a perda dos bens. Muitos países oferecem sigilo absoluto e a possibilidade de o settlor manter certo nível de controle sobre os ativos, mesmo após sua transferência ao trust. Além disso, trusts estabelecidos em jurisdições menos desfavorável podem ser usados para evitar a bitributação e proteger os ativos de litígios, garantindo que eles permaneçam intactos para as futuras gerações.

No mundo libertário, o uso de trusts como uma ferramenta interestatal é visto como uma maneira eficaz de se opor ao confisco governamental e às regulamentações arbitrárias que apenas buscam limitar a liberdade econômica dos indivíduos.

4. Fundos de Investimento como Ferramenta de Planejamento

Os fundos de investimento podem ser utilizados como uma forma eficiente de alocar e proteger recursos. Ao reunir capital de vários investidores, esses fundos permitem maior diversificação e reduzem riscos. Além disso, muitos fundos são estruturados em jurisdições que têm menores tributos e regulações mais flexíveis, garantindo que os indivíduos possam maximizar o retorno de seus investimentos enquanto escapam da expropriação forçada por governos. A diversificação oferecida por fundos de investimento também é uma maneira de mitigar riscos e proteger contra oscilações econômicas e políticas.

Esses fundos podem ser utilizados para investir em mercados internacionais, ampliando a liberdade financeira e criando novas oportunidades de crescimento. Além disso, ao se organizar em fundos, os investidores obtêm acesso a oportunidades que poderiam ser inacessíveis para indivíduos isolados, permitindo um retorno potencialmente mais significativo e menos suscetível à instabilidade imposta por políticas econômicas governamentais. A descentralização financeira, promovida pelos fundos de investimento, oferece um grau de segurança e resiliência contra a tentativa do Estado de controlar e confiscar a riqueza privada.

5. Proteção Patrimonial através de Trusts

Os trusts são amplamente reconhecidos como uma das melhores ferramentas de proteção patrimonial. Ao transferir ativos para um trust, o settlor efetivamente separa esses ativos de seu patrimônio pessoal, dificultando o confisco pelos governos ou credores. Em um contexto de crescente instabilidade econômica e fiscal, os trusts oferecem uma defesa sólida contra a intervenção estatal, assegurando que o fruto do trabalho do indivíduo permaneça protegido de mãos alheias. Essa estrutura também permite que os ativos sejam administrados de acordo com os desejos do settlor, garantindo que a sua visão de como o patrimônio deve ser utilizado seja respeitada, mesmo após sua morte.

Trusts podem ser estruturados de forma a permitir a gestão ativa dos bens pelo trustee, de acordo com regras estabelecidas pelo settlor, o que possibilita uma administração flexível e eficaz, evitando que as burocracias e restrições estatais possam interferir na destinação dos recursos. Além disso, os trusts permitem evitar o desgaste dos processos de inventário e a exposição desnecessária dos bens ao público e ao governo. Com um trust bem estruturado, é possível assegurar que o legado do settlor permaneça preservado e fora do alcance da sanha tributária governamental.

6. Planejamento Sucessório com Fundos e Trusts

O planejamento sucessório é outro aspecto fundamental dos trusts e dos fundos de investimento. Trusts permitem que o settlor estabeleça regras claras sobre como o patrimônio será distribuído entre os beneficiários, evitando os altos custos e a burocracia dos processos de inventário.

Além disso, o uso de fundos de investimento pode facilitar a divisão de ativos entre os herdeiros, garantindo que o valor do patrimônio seja preservado e não dilapidado pelos impostos sucessórios impostos pelo Estado. Fundos de investimento estruturados em jurisdições amigáveis permitem uma administração mais flexível dos bens, garantindo que eles não sejam corroídos pela tributação excessiva ou pelas disputas familiares.

A criação de um plano sucessório eficiente envolve não apenas a escolha adequada entre trust ou fundo de investimento, mas também a determinação das melhores estratégias para minimizar a interferência estatal e assegurar que os desejos do settlor sejam respeitados em sua totalidade.

A autonomia sobre o próprio patrimônio é um direito inalienável, e o planejamento sucessório é uma maneira de garantir que essa autonomia seja mantida para além da vida do settlor, sem que o Estado possa interferir ou limitar o alcance da herança.

7. Questões Tributárias dos Trusts para Brasileiros

Para brasileiros, a criação e a manutenção de trusts podem envolver desafios tributários consideráveis. O Brasil não possui uma legislação específica para trusts, o que pode complicar a declaração de ativos mantidos em trusts no exterior. A Receita Federal frequentemente interpreta tais estruturas como tentativas de evasão, o que pode gerar disputas legais.

No entanto, com um bom planejamento e com a assessoria adequada, é possível minimizar os riscos e maximizar os benefícios da utilização de trusts, protegendo o patrimônio da intervenção estatal. Para muitos, a criação de trusts no exterior é uma necessidade em um cenário onde a alta tributação se torna cada vez mais uma forma de roubo sistemático praticado pelo Estado. A capacidade de estruturar trusts em jurisdições que respeitam a privacidade financeira e a liberdade do indivíduo é crucial para assegurar que os bens adquiridos ao longo da vida sejam efetivamente protegidos. Ao compreender as nuances das obrigações fiscais brasileiras e planejar de acordo, os indivíduos podem utilizar trusts para defender seu patrimônio das tentativas incessantes de confisco governamental.

8. Compliance na Criação de Trusts

Embora a criação de trusts seja uma ferramenta para a preservação da liberdade e do patrimônio, também há questões de compliance a serem consideradas. O cumprimento das normas de combate à lavagem de dinheiro e o reporte de informações financeiras são exigências comuns, particularmente para evitar a percepção de que os trusts são usados para propósitos ilícitos. Portanto, é essencial que os indivíduos que buscam a criação de um trust façam isso em conformidade com as leis vigentes, garantindo segurança para o seu patrimônio sem comprometer a liberdade.

A questão do compliance, embora muitas vezes vista como um entrave burocrático, também pode ser abordada como uma maneira de proteger os interesses dos indivíduos e assegurar que seus trusts sejam mantidos fora do radar de governos oportunistas. O cumprimento das normas de compliance pode garantir que o trust funcione de forma eficaz e não esteja sujeito a ações arbitrárias de confisco. Ao mesmo tempo, manter-se em conformidade também significa estar preparado para as mudanças nos regulamentos internacionais e ajustar as estruturas do trust para garantir a manutenção de sua eficácia e segurança, sempre defendendo a liberdade econômica acima de tudo.

9. Fundos Offshore e os Benefícios para Investidores

Os fundos de investimento offshore oferecem aos investidores uma oportunidade de proteger seus recursos contra a tributação excessiva e de buscar retornos em mercados globais. Esses fundos são geralmente estabelecidos em jurisdições com regulamentações mais amigáveis e têm sido usados para diversificação de investimentos, reduzindo riscos ao mesmo tempo em que aumentam o potencial de retorno.

Para os defensores da liberdade individual, investir em fundos offshore é uma maneira eficaz de fugir das garras do Estado e garantir que os frutos do trabalho sejam devidamente recompensados. A capacidade de investir em um fundo offshore também possibilita a diversificação para além das fronteiras nacionais, aproveitando oportunidades que não estariam disponíveis em ambientes mais regulados.

Essa liberdade de escolha e de movimento de capital é essencial para garantir que o investidor possa maximizar seus retornos enquanto minimiza a interferência estatal. Fundos offshore também oferecem a possibilidade de proteger o patrimônio contra desvalorizações de moedas locais e instabilidade econômica, permitindo que os investidores mantenham um maior controle sobre suas finanças e evitando que seus recursos sejam confiscados ou dilapidados por governos que buscam compensar suas próprias ineficiências através da tributação abusiva.

10. Desafios Jurídicos para a Implementação de Trusts no Brasil

No Brasil, a implementação de trusts enfrenta desafios significativos, principalmente devido à falta de reconhecimento formal desta estrutura na legislação brasileira. O sistema jurídico do Brasil é frequentemente hostil a mecanismos que busquem proteger o patrimônio da intervenção estatal, tratando-os como tentativas de evasão fiscal. Isso faz com que muitos brasileiros busquem jurisdições mais menos desfavoráveis para a criação de trusts.

A criação de um trust, portanto, deve ser cuidadosamente planejada e executada para evitar complicações legais e assegurar que o patrimônio seja eficazmente protegido. A escolha de um país que ofereça um ambiente jurídico menos desfavorável e a assistência de profissionais qualificados são essenciais para contornar os desafios impostos pela falta de regulamentação no Brasil. Além disso, ao criar um trust em um país onde ele seja reconhecido, os indivíduos podem obter vantagens significativas em termos de proteção contra credores e minimização dos impactos tributários.

Essa estratégia é, acima de tudo, um ato de resistência contra a interferência arbitrária do Estado brasileiro, garantindo que o patrimônio construído ao longo da vida permaneça sob o controle de seus legítimos donos e não seja sujeito às garras predatórias de um governo que não respeita os direitos de propriedade e a liberdade individual.

Fontes

OCDE. "Trusts e Arranjos Legais em Jurisdições Offshore".

PricewaterhouseCoopers (PwC). "Estratégias de Planejamento Patrimonial e Compliance Internacional".

Relatórios do International Consortium of Investigative Journalists (ICIJ) sobre trusts e fundos offshore.

Receita Federal do Brasil. "Orientações sobre Declaração de Bens e Direitos no Exterior".

Instituto Mises. "Liberdade Econômica e Proteção do Patrimônio no Contexto Global".

Banco Mundial. "Fundos de Investimento e Desenvolvimento de Mercados Globais".

Publicações da KPMG sobre compliance e regulamentação de trusts.

Relatórios do FATF sobre compliance e prevenção à lavagem de dinheiro.

Publicações da Deloitte sobre fundos offshore e planejamento fiscal.

Relatórios do Banco Central do Brasil sobre regulações para investimentos internacionais.

Capítulo 9: Instrumentos de Elisão Fiscal para Brasileiros

1. Participação em Sociedades Sul-Americanas e Globais

A participação em sociedades internacionais, tanto na América do Sul quanto em outras partes do mundo, pode ser uma ferramenta poderosa de elisão fiscal. Essas estruturas permitem aos brasileiros aproveitarem benefícios tributários oferecidos por outras jurisdições. A escolha de países menos desfavoráveis, como Paraguai, Panamá e Uruguai, possibilita uma forma legal de reduzir a carga tributária sobre os ganhos.

Além disso, sociedades constituídas em países que favorecem investimentos externos proporcionam acesso a vantagens financeiras e operacionais que muitas vezes são bloqueadas pela alta regulação e tributação no Brasil. A participação em sociedades globais também possibilita maior liberdade econômica, diversificação de riscos e acesso a mercados mais abertos, características fundamentais para quem busca manter o controle sobre seus próprios recursos.

Ao investir em sociedades estrangeiras, os brasileiros podem aproveitar melhor as oportunidades oferecidas pelo mercado global. Muitos países oferecem incentivos fiscais para investimentos estrangeiros, e a constituição de empresas em tais jurisdições permite maior flexibilidade para diversificar o patrimônio e reduzir a exposição aos tributos nacionais. Além de reduzir a carga tributária, esse tipo de estratégia garante acesso a diferentes moedas e maior proteção contra instabilidades econômicas que possam afetar o Brasil. Estar envolvido em sociedades estrangeiras também proporciona uma rede de contatos e alianças globais, o que facilita o crescimento econômico e a abertura de novas oportunidades de negócios que, de outra forma, não estariam disponíveis.

2. Aplicação em Criptoativos para Elisão Fiscal

A aplicação em criptoativos, como Bitcoin, Ethereum e outras criptomoedas, tem se mostrado uma das ferramentas mais eficazes de elisão fiscal para brasileiros. Os criptoativos oferecem um alto nível de privacidade e descentralização, características que dificultam a rastreabilidade e o confisco pelo Estado.

Além disso, muitos países adotam uma abordagem menos desfavorável em relação à tributação dos criptoativos, permitindo que os indivíduos possam acumular riqueza sem a interferência arbitrária do governo. Investir em criptoativos através de exchanges descentralizadas e carteiras privadas oferece ainda mais proteção contra a fiscalização e a interferência estatal. Para os libertários, essa é uma forma clara de manter a soberania financeira e garantir que os frutos do próprio trabalho não sejam expropriados através de impostos abusivos.

A utilização de criptoativos também permite que o investidor tenha acesso a instrumentos financeiros inovadores, como finanças descentralizadas (DeFi), que possibilitam a geração de rendimentos sem a necessidade de intermediação bancária. A DeFi oferece oportunidades de empréstimos, staking e outros produtos que geram rendimentos de forma transparente, mas sem o envolvimento das instituições tradicionais e a consequente tributação. Além disso, países como El Salvador, que recentemente adotaram o Bitcoin como moeda de curso legal, oferecem condições favoráveis para investidores em criptoativos. Com uma correta estratégia de armazenamento, seja através de carteiras de hardware ou soluções multisig, o investidor pode manter sua riqueza protegida e livre da ação arbitrária dos governos.

3. Segmentos de Mercado Interestatal Vantajosos

Outra estratégia de elisão fiscal envolve o investimento em segmentos de mercado que sejam vantajosos do ponto de vista interestatal. Por exemplo, muitos países menos desfavoráveis oferecem incentivos para setores específicos, como tecnologia, energia renovável e agricultura. Ao investir nesses segmentos em jurisdições que possuem uma abordagem tributária menos onerosa, os brasileiros podem não apenas reduzir a carga fiscal, mas também acessar novos mercados e oportunidades de crescimento.

A escolha do país para realizar o investimento deve ser feita com base nas vantagens oferecidas pelo governo local e na segurança jurídica que ele proporciona aos investidores estrangeiros, garantindo assim uma redução significativa dos tributos sem abrir mão da segurança patrimonial.

Além dos incentivos fiscais, investir em mercados específicos de países menos desfavoráveis permite que o investidor aproveite as oportunidades econômicas locais. Por exemplo, na área de energia renovável, há países na América Latina que oferecem concessões vantajosas e benefícios para empreendimentos sustentáveis. Investimentos no setor de tecnologia também têm atraído incentivos, pois muitas jurisdições reconhecem a importância de inovar para manter uma economia dinâmica.

Com uma análise cuidadosa e o apoio de consultores especializados, é possível identificar as melhores opções de mercado e estruturar investimentos que não apenas otimizem a carga tributária, mas também resultem em um crescimento mais expressivo do patrimônio.

4. Transfer Pricing e Suas Possibilidades

O transfer pricing é um mecanismo amplamente utilizado para alocação de lucros entre empresas de um mesmo grupo localizadas em diferentes jurisdições. Essa estratégia pode ser usada como uma forma de elisão fiscal, pois permite que as empresas otimizem a distribuição de seus ganhos, movendo-os para países com menores taxas de tributos. No Brasil, há regulamentações específicas sobre transfer pricing, mas, quando bem estruturadas, as operações podem minimizar o impacto da carga tributária.

Utilizando o transfer pricing de forma estratégica, as empresas conseguem, de forma legítima, reduzir os tributos pagos em operações internacionais, fazendo com que mais recursos sejam destinados ao próprio crescimento, ao invés de serem expropriados pelo Estado.

Além de reduzir os tributos, o transfer pricing permite que empresas brasileiras participem de cadeias produtivas globais de maneira competitiva. Empresas multinacionais utilizam o transfer pricing para otimizar a alocação de custos e lucros, aproveitando-se das diferenças nas regulamentações entre os países.

O planejamento correto de transfer pricing também pode incluir o uso de serviços e bens intangíveis, como marcas, royalties e propriedade intelectual, garantindo maior flexibilidade no direcionamento dos lucros e reduzindo a incidência de impostos.

Assim, com o apoio de especialistas, as empresas brasileiras podem aumentar sua presença internacional, gerando mais receitas e minimizando a carga fiscal através de uma gestão eficiente dos preços de transferência.

5. Estratégias de Minimização de Impostos Indiretos

Além dos impostos diretos sobre a renda, os brasileiros também enfrentam uma carga pesada de impostos indiretos, como ICMS, IPI e ISS. Estratégias de elisão fiscal podem ser aplicadas para minimizar esses impostos, como o planejamento logístico que otimiza o transporte de mercadorias entre estados e o uso de benefícios fiscais concedidos por estados específicos para certas operações.

Outra alternativa é a utilização de zonas de livre comércio e portos secos, onde há incentivos tributários que permitem a redução de custos operacionais e a minimização dos tributos indiretos. Essas estratégias possibilitam não apenas uma economia financeira significativa, mas também um aumento na competitividade das empresas, que passam a operar de maneira mais eficiente.

Utilizar zonas francas e zonas de livre comércio permite não apenas a redução dos custos com impostos indiretos, mas também agiliza os processos logísticos, o que, em última análise, reduz custos operacionais. No Brasil, locais como a Zona Franca de Manaus oferecem incentivos fiscais que reduzem significativamente a carga tributária para empresas que operam na região.

Para empresas que importam insumos ou exportam produtos acabados, o uso dessas áreas especiais pode ser uma ferramenta poderosa para reduzir os impostos, aumentar as margens de lucro e garantir uma melhor posição no mercado internacional. Além disso, a revisão periódica dos processos tributários e logísticos da empresa pode revelar oportunidades adicionais de economia e otimização fiscal.

6. Investimentos em Imóveis no Exterior

Investir em imóveis no exterior é uma alternativa que pode auxiliar na elisão fiscal, além de diversificar os ativos e proteger o patrimônio. Alguns países oferecem regimes tributários favoráveis para investidores estrangeiros que adquirem propriedades em seus territórios. Países como Portugal, Espanha e Uruguai possuem políticas menos desfavoráveis para a tributação de rendimentos provenientes de aluguéis ou da valorização dos imóveis. Ao optar por investir em imóveis em jurisdições que permitem a elisão fiscal, o investidor brasileiro pode garantir uma fonte de renda segura e, ao mesmo tempo, minimizar o impacto tributário sobre esses rendimentos. A compra de imóveis também possibilita a obtenção de vistos e cidadania em alguns países, o que pode ser um benefício adicional para quem busca maior mobilidade e liberdade econômica.

Além de benefícios fiscais e vistos, o investimento em imóveis no exterior permite que os brasileiros diversifiquem seu portfólio de maneira eficaz. Imóveis em regiões valorizadas oferecem uma proteção natural contra a inflação e a desvalorização cambial.

Com a crescente globalização, muitos países têm oferecido programas de residência por investimento, atraindo investidores com regimes tributários mais leves e uma burocracia simplificada. Essa abordagem não só reduz os custos fiscais, mas também garante uma qualidade de vida melhor para o investidor e sua família. Assim, o investimento em imóveis internacionais torna-se não apenas uma estratégia de elisão fiscal, mas também uma maneira de alcançar maior liberdade econômica e segurança para o futuro.

7. Acordos de Compartilhamento de Renda

Os acordos de compartilhamento de renda são mecanismos que permitem que indivíduos e empresas dividam seus rendimentos entre diversas partes, reduzindo, assim, a base de cálculo dos tributos. Esses acordos podem ser feitos com familiares, empresas parceiras ou até mesmo por meio da criação de holdings familiares. Ao distribuir os rendimentos de forma estratégica, é possível diminuir significativamente a carga tributária, mantendo mais recursos sob controle direto dos indivíduos e evitando a expropriação pelo governo. A criação de contratos formais e o uso de estruturas jurídicas robustas garantem que esses acordos sejam considerados legais, permitindo a elisão fiscal de maneira eficaz e segura.

A criação de holdings familiares é especialmente útil no contexto do compartilhamento de renda. Holdings permitem que os rendimentos sejam divididos entre vários membros da família, reduzindo a incidência dos tributos de maneira significativa. Além disso, acordos bem estruturados ajudam a proteger o patrimônio familiar contra credores e ações judiciais, uma vez que os ativos são formalmente transferidos para a holding.

Também é possível utilizar sociedades limitadas para distribuir a renda e garantir que todos os membros participem dos lucros de maneira eficiente, reduzindo assim a carga tributária total. A estruturação de acordos de compartilhamento de renda com o auxílio de advogados e especialistas em direito societário é essencial para garantir a conformidade legal e otimizar a economia tributária.

8. Tratados para Evitar Bitributação e Como Utilizá-los

Os tratados internacionais para evitar a bitributação são acordos firmados entre países para garantir que uma mesma renda não seja tributada em ambos os territórios. O Brasil possui diversos tratados desse tipo, e o uso correto desses acordos pode reduzir significativamente a carga tributária sobre rendas obtidas no exterior.

Para brasileiros que possuem investimentos internacionais ou participam de sociedades em outros países, utilizar esses tratados é essencial para evitar pagar tributos duplos. A correta aplicação desses tratados exige um planejamento tributário detalhado e o conhecimento das regras específicas de cada acordo. Esses tratados são fundamentais para quem deseja investir globalmente sem ser penalizado pelo excesso de tributos e burocracias.

Além de evitar a bitributação, esses tratados também garantem que os investidores brasileiros possam usufruir dos benefícios fiscais oferecidos em outros países. Conhecer a legislação de cada país e as cláusulas dos tratados pode significar uma grande economia. Para isso, é importante contar com o apoio de consultores tributários internacionais que tenham familiaridade com as jurisdições envolvidas e possam orientar sobre o melhor uso dos tratados.

Além disso, algumas jurisdições permitem o crédito de impostos pagos no exterior, reduzindo a carga tributária no Brasil. Dessa forma, os tratados não só evitam a bitributação, mas também proporcionam estratégias de otimização fiscal que garantem mais recursos para o crescimento do patrimônio.

9. Gestão de Riscos de Auditoria

A elisão fiscal deve sempre ser feita dentro dos limites da legalidade, e uma boa gestão dos riscos de auditoria é essencial para garantir que as estratégias adotadas não sejam questionadas pelas autoridades fiscais. A preparação de documentação detalhada, a contratação de profissionais especializados e a manutenção de registros claros de todas as operações são passos importantes para mitigar os riscos de uma auditoria. Além disso, realizar auditorias internas periódicas ajuda a identificar possíveis falhas e a corrigi-las antes que sejam descobertas pelo fisco. Dessa forma, é possível garantir que as estratégias de elisão sejam robustas e não resultem em penalidades que possam comprometer o patrimônio.

Uma gestão eficiente dos riscos de auditoria também passa pela análise contínua das estratégias de elisão e do ambiente regulatório. Manter-se atualizado sobre mudanças na legislação é essencial para evitar problemas. Empresas que investem em sistemas de compliance tributário e treinamento de funcionários garantem uma maior transparência e reduzem as chances de erros ou falhas que possam ser exploradas em uma auditoria. Além disso, contar com consultores externos para revisar a documentação e os processos fiscais traz uma visão imparcial e especializada, ajudando a fortalecer a conformidade e reduzir os riscos de questionamento por parte das autoridades fiscais.

10. Compliance e Prática da Elisão Fiscal para Brasileiros

O compliance fiscal é uma parte crucial da elisão fiscal. Garantir que todas as práticas estejam em conformidade com a legislação vigente é essencial para evitar problemas futuros com as autoridades. O compliance não deve ser visto como um obstáculo, mas sim como uma ferramenta que possibilita a prática segura da elisão fiscal. Ao seguir as regras e manter uma postura transparente, os indivíduos e empresas conseguem reduzir sua carga tributária sem infringir a lei, mantendo seus recursos longe do confisco estatal e assegurando sua liberdade financeira. O cumprimento das normas também facilita a manutenção de operações internacionais e a utilização de estruturas que são frequentemente vistas com desconfiança pelo governo, como offshores e trusts.

Além disso, a prática do compliance facilita o acesso a mercados e investidores. Empresas que mantêm suas práticas tributárias em conformidade são vistas como mais confiáveis e têm mais facilidade para atrair investimentos externos. Em um ambiente cada vez mais regulado, é essencial que as empresas brasileiras mantenham a transparência e sigam as melhores práticas de compliance, utilizando tecnologias que facilitam o monitoramento das operações e garantem que todas as obrigações fiscais sejam cumpridas. O compliance é, portanto, uma garantia de que a elisão fiscal está sendo feita de forma ética e eficaz, minimizando os riscos e assegurando que o patrimônio seja protegido contra ações arbitrárias do Estado.

Fontes

OCDE. "Modelos de Tratados para Evitar Bitributação".

Receita Federal do Brasil. "Guia de Tributação Internacional e Regras de Transfer Pricing".

Banco Central do Brasil. "Orientações sobre Capitais Brasileiros no Exterior (CBE)".

Instituto Mises Brasil. "Liberdade Econômica e Estratégias de Planejamento Patrimonial".

Deloitte. "Planejamento Tributário Internacional e Compliance".

PricewaterhouseCoopers (PwC). "Estratégias de Minimização de Impostos para Investidores Globais".

Publicações do International Tax Planning Association (ITPA) sobre acordos de bitributação.

KPMG. "Auditorias Internas e Gestão de Riscos Fiscais".

Relatórios do International Consortium of Investigative Journalists (ICIJ) sobre elisão fiscal e offshores.

Publicações da Ernst & Young (EY) sobre compliance tributário e elisão fiscal segura.

Capítulo 10: Criptoativos e a Elisão Fiscal

1. Criptoativos como Forma de Evasão e Elisão

Os criptoativos emergiram como uma ferramenta poderosa para evasão e elisão fiscal, oferecendo aos indivíduos uma forma de proteger seu patrimônio das garras de um estado que, por meio de impostos e tributos, exerce extorsão sobre a riqueza legítima dos cidadãos. O anonimato proporcionado por muitas criptomoedas e a facilidade de movimentar valores entre fronteiras tornam essas tecnologias extremamente atraentes para aqueles que desejam escapar do controle estatal.

A descentralização das criptomoedas, como o Bitcoin e Monero, permite que os indivíduos transfiram valores de forma rápida e segura, sem a necessidade de passar por intermediários ou reguladores. Além disso, a possibilidade de armazenar riquezas em carteiras privadas, livres do alcance de bancos ou governos, faz dos criptoativos uma forma legítima de autodefesa econômica contra a opressão do Estado.

No contexto de elisão fiscal, os criptoativos proporcionam uma diversificação do patrimônio. Com a crescente aceitação dos criptoativos como forma de pagamento e como reserva de valor, muitos cidadãos adotam essas moedas digitais não apenas como uma forma de resistir ao controle estatal, mas também como um meio de reduzir a carga extorsiva de forma lícita.

Países como Portugal e El Salvador oferecem uma abordagem extorsiva menos desfavorável aos criptoativos, permitindo que indivíduos acumulem valor sem serem tributados como nas jurisdições tradicionais. A capacidade de manter riqueza fora do alcance direto dos estados predadores é fundamental para garantir a soberania individual.

Além disso, a crescente adoção de tecnologias de finanças descentralizadas (DeFi) aumenta ainda mais a capacidade dos indivíduos de gerar rendimentos sem a intervenção estatal, proporcionando um ecossistema financeiro mais resiliente e autônomo.

2. Relatórios Obrigatórios para Criptoativos no Brasil

No Brasil, os criptoativos estão sujeitos a regras de reporte impostas pela Receita Federal. A Instrução Normativa RFB 1888/2019 estabelece que todas as operações envolvendo criptoativos devem ser reportadas quando ultrapassam valores específicos, ou quando são realizadas através de exchanges que operam no Brasil.

Este tipo de regulamentação busca trazer transparência para o mercado de criptoativos, mas, na prática, é visto por muitos como uma tentativa do Estado de monitorar e controlar o patrimônio das vítimas de extorsão.

Esses relatórios são uma forma de coagir os cidadãos a revelarem suas movimentações financeiras, comprometendo o anonimato e a privacidade que os criptoativos prometem. Muitos libertários defendem que a obrigação de relatar os criptoativos não passa de uma forma velada de vigilância estatal, cujo objetivo é restringir a liberdade financeira dos indivíduos. No entanto, para quem busca manter-se dentro das normas legais, é importante entender as regras e assegurar que os relatórios estejam em conformidade para evitar sanções e penalidades.

Diversas plataformas e ferramentas de contabilidade digital foram desenvolvidas para ajudar os investidores a manterem o compliance com essas regulamentações, embora a recomendação de muitos seja a adoção de estratégias que minimizem essa necessidade.

Com a utilização de ferramentas de contabilidade automatizadas, como softwares específicos para criptoativos, muitos conseguem atender às demandas da Receita sem comprometer a segurança e privacidade dos seus ativos.

3. Offshore e Carteiras de Criptoativos

Offshores, em conjunto com carteiras de criptoativos, são estratégias amplamente utilizadas para a proteção patrimonial e elisão fiscal. A abertura de uma offshore em jurisdições menos desfavoráveis, aliada ao uso de carteiras de criptoativos, permite uma movimentação de valores com total discrição.

Quando combinadas, essas ferramentas oferecem um nível elevado de proteção contra a vigilância estatal e contra as tentativas de confisco. As carteiras de criptoativos, especialmente as frias (cold wallets), mantêm as chaves privadas longe de plataformas conectadas à internet, aumentando a segurança e reduzindo a possibilidade de ataques cibernéticos ou de confisco pelas autoridades.

Com uma offshore bem estruturada e a custódia dos criptoativos mantida de forma segura, é possível realizar transferências e manter riqueza fora do radar dos órgãos reguladores.

A combinação de offshores com criptoativos também possibilita que as operações comerciais internacionais sejam realizadas sem a incidência de tributos excessivos, garantindo a otimização do fluxo de caixa e preservação dos ativos. Além disso, muitas jurisdições onde offshores são populares têm leis de proteção à privacidade, dificultando ainda mais o rastreamento e o confisco dos recursos por parte dos governos.

Ao utilizar esses mecanismos, os indivíduos também têm acesso a uma flexibilidade maior para diversificar seus investimentos, aproveitando as diferentes regulamentações e oportunidades globais que maximizam a eficiência financeira.

4. Troca Descentralizada (DEX) e Anonimato

As exchanges descentralizadas (DEX) representam uma verdadeira revolução na forma como as pessoas transacionam criptoativos. Diferentemente das exchanges centralizadas, que são obrigadas a cumprir rigorosos padrões de conformidade (como a KYC - Know Your Customer), as DEX oferecem anonimato total aos seus usuários, permitindo que eles comprem, vendam e troquem criptoativos sem fornecer informações pessoais. Essa característica torna as DEX uma ferramenta poderosa para aqueles que desejam fugir da vigilância estatal e manter suas atividades financeiras completamente privadas.

O uso de DEX também elimina a necessidade de um intermediário para realizar as transações, minimizando os riscos de censura ou bloqueio de fundos. Exchanges centralizadas são frequentemente alvos de ataques cibernéticos e, por estarem sujeitas à regulamentação dos governos, são obrigadas a congelar ou entregar os fundos de seus usuários quando assim for exigido. Já as DEX são baseadas em contratos inteligentes que funcionam diretamente na blockchain, garantindo segurança e anonimato.

Para libertários, as DEX simbolizam a verdadeira essência da economia descentralizada, onde o controle sobre os recursos pertence exclusivamente ao indivíduo. Além disso, as DEX estão evoluindo rapidamente para incluir novas funcionalidades, como financiamento descentralizado e mecanismos de proteção contra a volatilidade, o que aumenta ainda mais a atratividade dessas plataformas para quem deseja se manter fora do sistema financeiro tradicional.

5. Criptomoedas Estáveis como Ferramentas Fiscais

As criptomoedas estáveis, ou stablecoins, como o Tether (USDT) e o USD Coin (USDC), têm ganhado destaque como ferramentas úteis para elisão fiscal e proteção de patrimônio. Diferentemente das criptomoedas tradicionais, as stablecoins têm seu valor atrelado a ativos estáveis, como moedas fiduciárias (ex.: dólar americano) ou até mesmo ouro. Isso permite que os indivíduos utilizem essas moedas digitais para preservar o valor do patrimônio sem a volatilidade característica das criptomoedas como Bitcoin ou Ethereum. As stablecoins são particularmente atrativas para realizar transações internacionais, evitando os custos de câmbio e a burocracia dos bancos tradicionais.

No contexto da elisão fiscal, as stablecoins funcionam como uma forma eficiente de armazenamento de valor fora do sistema financeiro convencional. Elas são facilmente convertidas em outras criptomoedas, proporcionando flexibilidade na movimentação de recursos e facilitando o planejamento tributário.

Além disso, com a expansão dos protocolos DeFi (finanças descentralizadas), é possível obter rendimentos passivos ao utilizar stablecoins em plataformas de empréstimos ou em pools de liquidez, ampliando a acumulação de patrimônio sem a necessidade de recorrer ao sistema bancário tradicional, que está sujeito à tributação e vigilância governamental. Essas possibilidades, aliadas à estabilidade das stablecoins, também oferecem uma maneira segura de manter capital pronto para oportunidades de investimento sem se preocupar com os riscos associados à volatilidade do mercado.

6. Tributação de Lucros com Criptoativos

Os lucros obtidos com criptoativos são, na maioria das jurisdições, sujeitos à tributação. No Brasil, a Receita Federal exige que ganhos superiores a determinados limites sejam reportados e que os impostos correspondentes sejam pagos. No entanto, muitos argumentam que essa tributação é ilegítima, uma vez que o Estado não teve nenhuma participação na criação ou valorização desses ativos. A tributação de criptoativos é vista por muitos como mais uma forma de extorsão, onde o governo tenta se apropriar do sucesso financeiro individual sem qualquer justificativa moral.

Para evitar a tributação excessiva, muitos investidores optam por estratégias de elisão, como manter seus criptoativos em offshores ou realizar operações apenas em exchanges descentralizadas que não reportam transações aos governos.

Outra abordagem comum é manter os criptoativos em carteiras pessoais por períodos prolongados, evitando a realização de lucros até que possam ser transferidos para jurisdições mais amigáveis. Dessa forma, é possível reduzir ou até eliminar a carga tributária sobre os criptoativos, mantendo a riqueza acumulada longe do alcance dos órgãos de arrecadação.

Além disso, a crescente utilização de serviços financeiros descentralizados (DeFi), onde é possível realizar staking e obter juros sobre criptoativos, oferece novas maneiras de acumular patrimônio sem gerar eventos tributáveis imediatos, diferentemente das operações tradicionais de venda e troca.

7. Ferramentas para Monitorar Criptoativos

Embora muitos vejam os criptoativos como um meio de escapar da vigilância estatal, é importante lembrar que as transações na blockchain são públicas, o que significa que, com as ferramentas certas, as autoridades podem rastrear movimentações. Empresas especializadas, como Chainalysis e Elliptic, desenvolveram ferramentas sofisticadas que permitem o monitoramento de transações em diversas blockchains.

Esses sistemas são usados por governos e autoridades para identificar atividades suspeitas e, potencialmente, buscar a cobrança de tributos ou aplicar sanções. Apesar dessa vigilância crescente, existem estratégias que podem ser utilizadas para manter o anonimato e a segurança ao lidar com criptoativos.

Misturadores de moedas (coin mixers) e transações em blockchains que oferecem privacidade, como Monero e Zcash, são alternativas para quem deseja impedir o rastreamento de suas movimentações. Para libertários, essas ferramentas são essenciais para garantir que o uso de criptoativos continue sendo uma forma viável de proteção patrimonial contra a ação predatória do Estado.

Adicionalmente, surgiram soluções avançadas de anonimato, como o uso de contratos inteligentes que permitem o embaralhamento automatizado de transações e plataformas que integram múltiplas cadeias de blockchain para tornar o rastreamento extremamente complexo, dificultando ainda mais a vigilância estatal.

8. Custódia em Carteiras Frias e Segurança Patrimonial

Manter criptoativos em carteiras frias (cold wallets) é uma das formas mais seguras de proteger esses ativos contra ataques cibernéticos e contra a interferência estatal. Carteiras frias são dispositivos físicos que armazenam as chaves privadas de forma offline, tornando impossível que hackers acessem os fundos através da internet.

Além disso, manter a custódia em uma carteira fria impede que governos ou terceiros confisquem os criptoativos, visto que apenas o proprietário detém o controle sobre as chaves.

A custódia pessoal dos criptoativos também é um elemento importante da soberania financeira. Ao remover intermediários e manter o controle direto sobre os ativos, os indivíduos garantem que suas riquezas não estarão sujeitas à instabilidade dos bancos ou às ordens de confisco governamental.

Para aqueles que valorizam a liberdade individual, a custódia em carteiras frias representa a máxima expressão de controle sobre o próprio patrimônio, assegurando que nenhum agente externo tenha acesso ou poder sobre esses recursos.

Além disso, a adoção de carteiras multifirma (multisig) e de sistemas de autenticação em múltiplos dispositivos aumenta ainda mais a segurança e reduz o risco de perda total dos ativos em caso de comprometimento de uma chave individual.

9. Riscos de Sanções e Compliance

Apesar das vantagens dos criptoativos na proteção patrimonial e na elisão fiscal, existem riscos associados ao seu uso. Muitos governos estão cada vez mais atentos às atividades envolvendo criptomoedas e implementando sanções a indivíduos e empresas que utilizam esses ativos para evitar a tributação.

A conformidade com as leis locais e internacionais tornou-se essencial para evitar penalidades severas, como multas e até prisão. Portanto, é necessário avaliar os riscos de compliance antes de adotar criptoativos como parte de uma estratégia de proteção patrimonial.

O compliance, no entanto, não deve ser visto como uma abdicação da luta pela liberdade financeira, mas sim como uma forma de navegar dentro dos sistemas existentes enquanto se busca uma maior autonomia. Existem maneiras de cumprir parcialmente os requisitos regulatórios sem comprometer toda a privacidade ou abrir mão do controle sobre os ativos.

Manter uma postura informada e contar com assessoria especializada são etapas fundamentais para garantir que os criptoativos continuem sendo uma ferramenta eficaz na proteção do patrimônio. Além disso, novas soluções de compliance têm surgido, permitindo que os usuários atendam às exigências mínimas dos reguladores, ao mesmo tempo em que mantêm a maior parte de suas atividades em anonimato, utilizando tecnologias que minimizam a exposição de dados pessoais.

10. O Futuro da Regulação de Criptoativos no Brasil

O futuro da regulação de criptoativos no Brasil ainda é incerto, mas há uma clara tendência de maior controle e supervisão por parte do Estado. Projetos de lei estão sendo discutidos no Congresso Nacional para regulamentar o uso e a negociação de criptomoedas. Essas iniciativas, muitas vezes, são apresentadas como medidas de proteção ao investidor, mas, na realidade, visam aumentar a capacidade do Estado de extorquir e controlar os indivíduos. A regulamentação excessiva pode minar a essência dos criptoativos, que é proporcionar liberdade financeira e autonomia aos seus usuários.

Para aqueles que defendem a liberdade financeira, é fundamental resistir às tentativas de regulamentação que buscam limitar o uso de criptoativos e reforçar o controle estatal. Isso inclui a promoção do uso de tecnologias que aumentem a privacidade, como blockchains anônimas e DEX, além de apoiar iniciativas políticas que protejam o uso das criptomoedas. O futuro dos criptoativos depende da capacidade dos indivíduos de resistir à coerção estatal e de manter viva a essência da descentralização e da autonomia financeira.

Fontes

Receita Federal do Brasil. "Instrução Normativa RFB 1888/2019".

Instituto Mises Brasil. "Liberdade Econômica e Criptomoedas".

Relatórios do FATF (Financial Action Task Force) sobre regulamentação de criptoativos.

Chainalysis. "Relatórios sobre Monitoramento de Transações em Blockchain".

PricewaterhouseCoopers (PwC). "Planejamento Tributário e Criptomoedas".

Publicações do International Consortium of Investigative Journalists (ICIJ).

Publicações da Coin Center sobre regulação de criptomoedas.

Deloitte. "Estratégias de Compliance e Criptoativos".

Elliptic. "Ferramentas de Monitoramento e Conformidade para Criptoativos".

Banco Central do Brasil. "Regulamentação e Estudos sobre Criptoativos".

Capítulo 11: Acesso a Serviços Financeiros Internacionais

1. Bancos Sul-Americanos e Globais e Contas Offshore

Ter acesso a contas bancárias em bancos sul-americanos e globais é uma maneira eficiente de proteger o patrimônio e diversificar os ativos, especialmente quando se trata de contas offshore. Essas contas são abertas em países com regulamentações menos desfavoráveis, oferecendo um refúgio financeiro para evitar a extorsão estatal através de impostos agressivos e arbitrários.

Países como Panamá, Suíça, e Singapura são conhecidos por sua privacidade bancária e leis que favorecem a proteção patrimonial, tornando-os destinos populares para abertura de contas offshore. Contas offshore não são apenas uma ferramenta para preservar a privacidade, mas também são fundamentais para facilitar operações comerciais internacionais e proteger ativos contra os riscos políticos e econômicos de um único país.

Além disso, essas contas permitem que os indivíduos tenham acesso a oportunidades de investimento em mercados financeiros globais, facilitando a alocação estratégica de recursos e oferecendo uma segurança contra a instabilidade financeira e política. Contas em bancos internacionais também são úteis para financiar negócios e startups de maneira mais ágil, uma vez que a burocracia é reduzida e as oportunidades de financiamento são maiores.

Para além da proteção patrimonial, as contas offshore facilitam a realização de pagamentos internacionais e a gestão de ativos em diferentes moedas, ajudando a evitar a volatilidade das moedas locais que, frequentemente, sofrem com inflação e outras políticas econômicas predatórias. A abertura de contas em bancos estrangeiros também traz um nível de diversificação na gestão dos riscos que não é possível com bancos domésticos.

Os bancos globais tendem a oferecer uma gama mais ampla de serviços financeiros, o que inclui não apenas investimentos, mas também suporte para operações de trade, câmbio e outras transações comerciais. A privacidade também é uma das grandes vantagens de manter uma conta offshore, protegendo a identidade dos proprietários dos recursos e dificultando o rastreamento por agentes estatais.

2. Uso de Contas Multimoedas

Contas multimoedas oferecem aos usuários a capacidade de manter saldos em diferentes moedas dentro de uma única conta bancária. Essa estratégia é uma forma eficaz de evitar a conversão forçada de valores para uma moeda local que pode estar sujeita à inflação excessiva. Além disso, o uso de contas multimoedas possibilita o planejamento financeiro mais flexível e proporciona proteção contra a volatilidade cambial.

Com essas contas, um indivíduo pode transacionar com mais eficiência em mercados internacionais, mantendo seu poder de compra e evitando a carga extorsiva imposta por conversões e taxas. A diversificação entre moedas também diminui o risco de exposição a sanções ou restrições impostas por um determinado governo.

Adicionalmente, contas multimoedas permitem uma melhor adaptação às oportunidades de investimento que surgem em diferentes regiões do mundo. A capacidade de converter fundos instantaneamente entre moedas permite que indivíduos e empresas possam se beneficiar de flutuações cambiais favoráveis e, ao mesmo tempo, evitar o impacto negativo de crises econômicas regionais.

Por exemplo, em situações de instabilidade política ou colapso econômico de um determinado país, ter ativos em múltiplas moedas pode garantir uma segurança muito maior do que manter todo o patrimônio em uma única moeda nacional. O acesso a serviços financeiros globais sem a necessidade de múltiplas contas bancárias proporciona uma vantagem substancial na gestão financeira e permite transações comerciais mais rápidas e eficientes.

3. Transferência de Dinheiro com Baixa Tributação

A transferência de dinheiro entre países com baixa tributação é um dos aspectos essenciais para quem busca liberdade financeira. Existem várias estratégias e ferramentas que possibilitam essas transferências de forma segura, rápida e econômica. Utilizar serviços que cobram taxas mínimas e evitar intermediários que agregam custos adicionais, como bancos tradicionais, são boas práticas.

Criptomoedas também desempenham um papel fundamental nesse processo, pois permitem a transferência de valores diretamente entre partes, sem a necessidade de passar por instituições financeiras que costumam aplicar tarifas e cumprir exigências governamentais. Utilizar transferências entre contas offshore também pode reduzir significativamente a carga extorsiva sobre o patrimônio movimentado, além de proporcionar mais anonimato.

Além disso, o uso de stablecoins como USDC e USDT se tornou uma prática comum para aqueles que buscam transferir dinheiro internacionalmente com baixa tributação. Stablecoins oferecem a possibilidade de manter valor atrelado a moedas fiduciárias estáveis, sem as variações bruscas de preço típicas de outras criptomoedas.

Esse tipo de transferência elimina intermediários, reduzindo custos e riscos, e garantindo que os fundos cheguem ao destino de forma rápida e sem complicações regulatórias desnecessárias. Plataformas descentralizadas de transferência de dinheiro também desempenham um papel importante ao facilitar essas operações, possibilitando que os indivíduos contornem sanções e restrições que possam ser impostas pelos bancos tradicionais.

Transferências feitas através de redes como Lightning Network, por exemplo, proporcionam transações quase instantâneas e com taxas extremamente baixas, além de reforçar a privacidade do remetente e do destinatário.

4. Soluções Financeiras Descentralizadas (DeFi)

As Finanças Descentralizadas (DeFi) representam um avanço revolucionário no acesso a serviços financeiros sem depender de intermediários centralizados, como bancos.

DeFi utiliza contratos inteligentes na blockchain para fornecer serviços financeiros, como empréstimos, poupança, seguros, e staking, todos controlados por códigos e não por entidades centralizadas.

Dessa forma, indivíduos podem gerar rendimentos passivos e obter acesso a crédito sem o controle arbitrário dos bancos e dos governos. Essas plataformas são ideais para aqueles que buscam manter o anonimato e evitar as regulações invasivas, utilizando seus criptoativos para gerar riqueza de forma autônoma e independente.

O DeFi elimina a burocracia e as barreiras artificiais impostas por bancos, proporcionando verdadeira liberdade financeira aos indivíduos que desejam proteger seu patrimônio das extorsões estatais. Além disso, com o crescimento de soluções DeFi, surgiram novas oportunidades, como as stablecoins descentralizadas, que não estão atreladas a instituições centralizadas e, portanto, são menos vulneráveis a pressões regulatórias.

Utilizar DeFi para garantir rendimentos passivos através de staking e yield farming também se tornou uma prática crescente entre aqueles que desejam maximizar o potencial de seus ativos sem a intervenção de bancos. Protocolos como Aave e Compound permitem o empréstimo de ativos com garantias, possibilitando que os indivíduos ganhem juros sem entregar o controle dos seus fundos a terceiros.

Além disso, com o aumento da popularidade dos DAOs (Organizações Autônomas Descentralizadas), os usuários podem participar diretamente da governança de projetos

DeFi, contribuindo para a descentralização e mantendo um controle direto sobre a direção das plataformas financeiras.

5. Plataformas Peer-to-Peer para Transferências Financeiras

Plataformas peer-to-peer (P2P) para transferências financeiras são uma alternativa valiosa para a realização de transações sem o envolvimento de intermediários tradicionais. Essas plataformas conectam diretamente os indivíduos que desejam transferir dinheiro entre si, sem a necessidade de bancos, reduzindo custos e aumentando a eficiência.

As plataformas P2P também oferecem uma maneira de driblar as restrições cambiais e o controle de capital que alguns governos tentam impor. O uso de criptomoedas em plataformas P2P amplia ainda mais as possibilidades de proteção patrimonial, garantindo que as transferências sejam realizadas de maneira segura e sem o envolvimento de entidades estatais.

Combinadas com moedas digitais, as plataformas P2P representam uma alternativa poderosa contra as tentativas dos governos de monitorar e confiscar riquezas. Através dessas plataformas, é possível realizar a compra e venda de criptomoedas, pagar por serviços, ou transferir fundos sem a necessidade de passar por um banco tradicional, que poderia relatar a transação às autoridades estatais.

Além disso, muitas dessas plataformas oferecem sistemas de avaliação e reputação dos participantes, proporcionando uma camada adicional de segurança para os usuários. Utilizando contratos inteligentes, plataformas P2P como LocalBitcoins e Bisq permitem que as transações sejam feitas de forma direta, transparente e com a garantia de que ambas as partes receberão exatamente o que foi acordado. Essa abordagem não apenas reduz os custos, mas também minimiza a exposição dos usuários ao controle estatal e a potenciais restrições regulatórias.

6. Estratégias de Interestatalização Financeira

A interestatalização financeira é uma estratégia que consiste em distribuir o patrimônio e os investimentos em múltiplas jurisdições para reduzir os riscos associados a qualquer uma delas. Essa abordagem visa evitar que um único estado tenha controle sobre todos os ativos de um indivíduo, aumentando assim a segurança do patrimônio contra sanções, confisco ou desvalorização imposta por políticas locais.

Utilizar bancos internacionais, abrir offshores e investir em diversos mercados são práticas que ajudam a construir um portfólio resiliente. A interestatalização também dificulta a aplicação de políticas extorsivas, como tributação excessiva ou restrições a saques e transferências, protegendo a liberdade financeira dos indivíduos que buscam viver fora do alcance do controle estatal.

Outro benefício significativo da interestatalização financeira é a capacidade de aproveitar oportunidades de negócios e investimentos em diversas regiões do mundo. Diferentes países possuem regulamentações distintas, algumas mais amigáveis para certos tipos de investimentos, como imóveis, ações ou até mesmo investimentos em startups. Além disso, ao manter ativos espalhados por diferentes países, um indivíduo pode reduzir sua exposição ao risco de falência bancária em uma única jurisdição, especialmente em tempos de crise financeira.

Diversificar não apenas em termos de tipos de investimentos, mas também em termos de localizações geográficas, é uma das melhores estratégias para garantir a preservação e crescimento do patrimônio, independentemente das flutuações econômicas e políticas que possam ocorrer em qualquer parte do mundo.

7. Abertura de Contas em Bancos Digitais

Os bancos digitais vêm ganhando popularidade como uma alternativa ágil e econômica aos bancos tradicionais. Eles oferecem uma série de vantagens, incluindo menor burocracia, ausência de tarifas exorbitantes e a possibilidade de abertura de contas em diferentes jurisdições diretamente pela internet.

Para indivíduos que buscam liberdade financeira, bancos digitais são ideais, pois permitem movimentações internacionais de forma fácil e rápida, muitas vezes sem as taxas que os bancos convencionais aplicam. Além disso, muitos bancos digitais oferecem contas multimoedas e cartões de débito que funcionam globalmente, proporcionando mais flexibilidade na gestão dos recursos.

A abertura de contas em bancos digitais é uma excelente opção para quem deseja evitar o controle arbitrário de bancos tradicionais, que são frequentemente coagidos pelo estado a cooperar com políticas invasivas. Além disso, muitos bancos digitais estão desenvolvendo plataformas que permitem aos seus clientes investir diretamente em criptoativos e outros produtos financeiros alternativos, proporcionando ainda mais opções para diversificar o patrimônio e proteger-se contra a desvalorização e a inflação.

Bancos digitais como N26, Revolut, e Wise também oferecem a possibilidade de realizar transferências internacionais de forma simplificada, possibilitando a movimentação de recursos entre diferentes países com tarifas muito mais competitivas do que as de bancos convencionais.

8. Benefícios de Contas em Diferentes Jurisdições

Ter contas bancárias em diferentes jurisdições permite uma maior flexibilidade e segurança financeira. Diversas jurisdições ao redor do mundo oferecem vantagens únicas, como ausência de impostos sobre ganho de capital, privacidade bancária e proteção contra interferência estatal.

Contas em múltiplos países também ajudam a evitar que todo o patrimônio esteja exposto às políticas de um único estado, distribuindo o risco de expropriação ou sanções. Com uma estrutura financeira diversificada, indivíduos podem se proteger de medidas arbitrárias que limitem o acesso aos seus próprios recursos.

Além disso, a diversificação geográfica aumenta as oportunidades de acesso a serviços financeiros que não estão disponíveis em todas as jurisdições, garantindo que o patrimônio esteja sempre acessível e protegido. Em tempos de instabilidade política, contar com contas em diferentes países pode significar a diferença entre manter o acesso aos fundos ou ser impedido de utilizar seus próprios recursos devido a restrições governamentais. Isso é especialmente relevante para pessoas que têm negócios internacionais,

pois garante que o fluxo de caixa nunca será interrompido por problemas locais. A capacidade de transferir fundos entre jurisdições diferentes rapidamente também é uma vantagem estratégica para aproveitar oportunidades de investimento que possam surgir em diferentes partes do mundo, maximizando o potencial de crescimento dos ativos.

9. Meios de Pagamento Alternativos

Além dos métodos tradicionais, como cartões de crédito e transferências bancárias, os meios de pagamento alternativos vêm se destacando como ferramentas importantes na proteção do patrimônio. Criptomoedas, cartões pré-pagos internacionais e plataformas como PayPal e Wise possibilitam transações rápidas e discretas. Esses meios alternativos evitam o rastreamento das operações e reduzem a exposição às regulamentações estatais, mantendo a privacidade do usuário.

Para os libertários, esses métodos representam um passo crucial para contornar as restrições financeiras impostas pelos estados, proporcionando mais controle sobre como e onde os recursos são usados.

Além disso, muitos desses serviços oferecem taxas significativamente menores do que bancos tradicionais, permitindo que o dinheiro dos indivíduos seja utilizado de maneira mais eficiente. Cartões pré-pagos recarregáveis em criptoativos, por exemplo, são uma maneira prática de gastar criptomoedas sem convertê-las diretamente para moedas fiduciárias em uma exchange, proporcionando uma camada adicional de privacidade.

Plataformas como BitPay e Wirex já permitem esse tipo de serviço, integrando as criptomoedas ao dia a dia dos usuários e evitando o controle estatal. Assim, os meios de pagamento alternativos são essenciais para manter a liberdade financeira e continuar realizando transações sem a intervenção ou vigilância de governos.

10. Compliance e Controles sobre Contas Globais

Embora muitas das estratégias apresentadas tenham como objetivo evitar o controle estatal, é importante entender que o compliance é uma questão inevitável ao acessar serviços financeiros internacionais. Cumprir com as regulamentações mínimas exigidas pelas diferentes jurisdições onde se mantém contas pode garantir que o patrimônio não seja alvo de sanções ou congelamento. O compliance, no entanto, não precisa ser um fardo; existem maneiras de atender aos requisitos regulatórios sem comprometer a privacidade e a liberdade financeira.

Bancos e consultorias especializados em gestão de patrimônio internacional oferecem serviços que ajudam a manter as contas em conformidade sem perder o anonimato. Ter uma estratégia clara e contar com apoio profissional são passos fundamentais para navegar o ambiente financeiro internacional sem cair nas armadilhas da burocracia estatal e manter-se protegido contra a extorsão dos governos.

Além disso, muitas jurisdições oferecem programas de compliance que são simples e diretos, permitindo que os indivíduos mantenham a conformidade com um mínimo de esforço, enquanto garantem que suas informações pessoais e financeiras não sejam divulgadas desnecessariamente. Plataformas que automatizam o processo de compliance e oferecem suporte jurídico contínuo são uma excelente maneira de reduzir o risco de problemas legais enquanto se mantém a máxima liberdade sobre o próprio patrimônio.

Fontes

Instituto Mises Brasil. "Liberdade Econômica e Internacionalização Financeira".

PricewaterhouseCoopers (PwC). "Guia de Planejamento Tributário e Contas Offshore".

Banco Central do Panamá. "Regulamentação sobre Contas Bancárias Offshore".

Publicações da Coin Center sobre o uso de criptomoedas e plataformas P2P.

Deloitte. "Estratégias de Interestatalização e Compliance".

Chainalysis. "Relatórios sobre Transferências e Monitoramento de Criptoativos".

FATF (Financial Action Task Force). "Diretrizes Internacionais sobre Compliance e Serviços Financeiros".

Relatórios da Elliptic sobre segurança e anonimato no uso de criptoativos.

Wise. "Transferências Internacionais e Taxas Reduzidas".

Revolut. "Vantagens e Utilização de Contas Multimoedas".

BitPay. "Uso de Cartões Pré-pagos para Criptomoedas".

Lightning Network Documentation. "Transferências Rápidas e Seguras com Baixa Taxa".

Aave. "Empréstimos Descentralizados e Financiamento Alternativo".

Compound. "Gerando Rendimento Passivo com Criptoativos".

Capítulo 12: Estratégia de Autodefesa Bélica e Proteção Patrimonial

1. Autodefesa Bélica e a Proteção Patrimonial

A autodefesa bélica é um componente essencial da proteção patrimonial, especialmente em tempos de instabilidade econômica e social. O direito à autodefesa, incluindo a posse e o uso de armas, é visto pelos libertários como um direito natural e inalienável. A capacidade de proteger a própria vida, família e patrimônio é fundamental para garantir a liberdade individual contra as ameaças impostas por criminosos e, em certos casos, pelo próprio estado.

Estar bem preparado e equipado para defender o patrimônio não é apenas uma questão de segurança, mas também de soberania individual. Além disso, a autodefesa é uma mensagem clara de resistência à coerção, promovendo uma sociedade onde o poder reside mais nas mãos dos indivíduos e menos nas instituições opressoras.

Para indivíduos que possuem múltiplas residências e bens em diferentes jurisdições, é fundamental contar com estratégias de defesa que protejam todos os aspectos do patrimônio. Isso inclui não apenas sistemas de segurança física, como muros, cercas, câmeras, sensores de movimento e sistemas de iluminação automatizados, mas também a capacidade de reagir e se defender de forma ativa em caso de invasões ou ataques.

A posse de armas legais e o treinamento adequado podem significar a diferença entre perder tudo em um momento de crise e garantir a continuidade da proteção do patrimônio.

Neste contexto, a aquisição de armas de fogo, equipamentos de segurança pessoal e treinamento específico de autodefesa tornam-se fundamentais, não apenas para o indivíduo, mas também para a segurança de sua família e comunidade.

Além das armas de fogo, a autodefesa pode ser complementada por armas não-letais, como sprays de pimenta, tasers, e bastões. Essas ferramentas podem ser utilizadas para situações em que a força letal não é necessária, garantindo mais opções para a defesa pessoal.

O treinamento não se resume apenas ao manuseio de armas, mas também deve incluir técnicas de desescalada de conflitos, primeiros socorros e, principalmente, percepção situacional – a habilidade de detectar possíveis ameaças antes que elas se concretizem. Isso também envolve aprender a reconhecer padrões de comportamento suspeitos e evitar situações potencialmente perigosas antes que estas possam se tornar uma ameaça direta.

2. Mobilidade Interestatal e Segurança Pessoal

A mobilidade interestatal é uma ferramenta poderosa para garantir a segurança pessoal. Ao distribuir residências e ativos em diferentes países, um indivíduo aumenta significativamente sua capacidade de evitar ameaças, sejam elas decorrentes de instabilidade social, perseguição estatal ou criminalidade. Mudar rapidamente de uma jurisdição para outra pode ser a diferença entre enfrentar um cenário de risco iminente ou garantir a própria segurança e de seus entes queridos. Ter um plano de mobilidade bem estruturado, que inclua meios de transporte disponíveis, documentação em dia e conhecimento prévio das legislações locais, é um dos pilares da autodefesa estratégica.

Além disso, a escolha dos países de residência deve levar em consideração não apenas os benefícios fiscais, mas também os níveis de segurança e a política sobre a posse de armas. Jurisdições que respeitam o direito de autodefesa e têm leis mais liberais sobre a posse de armas são preferíveis para aqueles que desejam garantir sua liberdade e a proteção de seus bens. Com mobilidade interestatal, é possível viver em locais onde o risco é menor, ao mesmo tempo em que se preserva o acesso a recursos e se evita a exposição a estados opressivos que limitam o direito de defesa dos cidadãos.

Outra questão importante é a criação de uma rede de contatos confiável em cada país de residência. Esses contatos podem incluir advogados locais, amigos de confiança, profissionais de segurança privada e membros de comunidades que compartilham interesses semelhantes. Ter uma rede de suporte em diferentes países permite uma resposta mais rápida e eficiente a eventuais ameaças, facilitando a execução de planos de mobilidade e segurança.

Além disso, possuir veículos prontos para uso em situações de emergência, bem como conhecer rotas alternativas para fugir de situações perigosas, são medidas fundamentais para manter a segurança pessoal. A mobilidade não se resume apenas ao deslocamento físico, mas também envolve o planejamento de como mover ativos e valores de um local para outro com segurança e discrição, garantindo sempre a proteção do patrimônio.

3. Impactos da Autodefesa no Planejamento de Multi-Residência

O planejamento de multi-residência está intimamente ligado à segurança pessoal e patrimonial. Ter várias residências em diferentes países possibilita que um indivíduo se desloque para onde a segurança é maior, evitando áreas de conflito ou instabilidade. No entanto, a questão da autodefesa precisa ser levada em consideração nesse planejamento, já que as legislações sobre a posse e uso de armas variam amplamente de um país para outro. Alguns países têm regulamentações mais favoráveis à posse de armas e ao direito de autodefesa, enquanto outros limitam severamente esses direitos.

A escolha das jurisdições de residência deve, portanto, incluir uma análise das leis locais sobre autodefesa. Países como os Estados Unidos, Suíça e República Tcheca, por exemplo, possuem legislações que permitem a posse de armas de fogo para defesa pessoal e proteção patrimonial. Já em outros países, como o Reino Unido, o acesso a armas é extremamente restrito. Assim, ao escolher as jurisdições para manter múltiplas residências, é importante considerar não apenas os aspectos fiscais e financeiros, mas também o grau de liberdade para a defesa pessoal e a possibilidade de proteger o patrimônio de maneira ativa.

Também é crucial que o planejamento de multi-residência inclua uma avaliação sobre a capacidade de transportar armas legalmente entre jurisdições e armazená-las de forma segura. Ter um entendimento claro das exigências para a importação e exportação de armas pode ajudar a evitar problemas legais e garantir que os meios de defesa estejam sempre acessíveis quando necessário. Além disso, o investimento em cofres e sistemas de segurança específicos para o armazenamento de armas pode garantir que as armas sejam mantidas fora do alcance de terceiros, aumentando a segurança em cada uma das residências. Considerar a possibilidade de treinamento local em cada jurisdição onde se pretende residir também é importante, garantindo assim uma integração mais eficiente ao ambiente de segurança local.

4. Segurança Patrimonial e Preparação Contra Colapsos Sociais

Preparar-se para colapsos sociais é uma parte importante da proteção patrimonial e da segurança pessoal. Situações como crises econômicas, guerras civis e desastres naturais podem resultar em uma deterioração rápida da segurança pública, aumentando o risco de saques, invasões de propriedade e violência generalizada. A autodefesa bélica é uma resposta direta a essas ameaças, proporcionando uma camada adicional de proteção quando os sistemas tradicionais de segurança falham.

Além de estar armado e preparado, é importante ter um plano de contingência que inclua recursos como alimentos, água, medicamentos e meios de comunicação independentes.

Estar preparado para um colapso social significa ser autossuficiente e não depender do estado, cujas estruturas costumam falhar nesses momentos críticos. Além disso, investimentos em segurança física, como sistemas de vigilância, geradores de energia e veículos adequados para fuga, são medidas essenciais para proteger o patrimônio e garantir a segurança pessoal durante períodos de instabilidade. A preparação para cenários de colapso não é apenas uma medida defensiva, mas um passo ativo em direção à manutenção da liberdade e da soberania individual.

Ademais, contar com abrigos reforçados ou locais seguros preparados para resistir a invasões pode ser um diferencial importante em situações de colapso social. Esses abrigos, equipados com suprimentos essenciais e meios de comunicação, servem como um ponto de refúgio em caso de emergência extrema. A comunicação também é uma parte vital da preparação, e manter rádios ou outros dispositivos que não dependam de redes de telefonia celular é crucial para garantir contato com aliados ou pedir ajuda.

A prática constante de simulações e a preparação psicológica para enfrentar situações adversas são também componentes fundamentais de um plano eficaz de defesa patrimonial e pessoal. Adotar uma mentalidade de sobrevivência, aliada à preparação física e psicológica, contribui significativamente para a capacidade de resistir e prosperar em ambientes hostis.

5. Aspectos Éticos e de Reputação

A questão da autodefesa bélica também envolve considerações éticas e de reputação. Para muitos, o direito à autodefesa é um direito natural, mas o uso de armas pode ser interpretado de maneira negativa por alguns setores da sociedade. Aqueles que optam por armar-se para proteger seus bens e suas famílias precisam estar cientes de como isso pode impactar sua reputação, especialmente em países ou comunidades onde a posse de armas é vista de forma negativa.

Entretanto, a decisão de exercer o direito à autodefesa deve ser baseada em convicções pessoais e no compromisso com a segurança e a liberdade. Ao mesmo tempo, é possível mitigar os impactos reputacionais através de um comportamento responsável e do respeito às legislações locais. Mostrar-se bem treinado e preparado para lidar com situações de risco de forma proporcional e segura é essencial para manter uma reputação sólida e evitar problemas legais. Além disso, ser transparente com vizinhos e comunidades locais sobre as razões para manter um arsenal defensivo pode ajudar a reduzir possíveis desconfianças e a promover um entendimento sobre a importância da segurança pessoal.

Participar de atividades comunitárias e envolver-se com ações de voluntariado são formas de equilibrar a percepção pública sobre a posse de armas. Demonstrar que a autodefesa não está dissociada de um senso de responsabilidade cívica pode ajudar a construir uma reputação positiva. A imagem do proprietário responsável de armas que respeita a comunidade e se preocupa com a segurança coletiva pode ser fortalecida através de treinamentos de segurança comunitária e ao oferecer apoio durante emergências locais. Provar que o objetivo da autodefesa é a proteção da vida e do patrimônio, e não a intimidação, pode ajudar a consolidar a confiança e a aceitação na comunidade.

6. Compliance e Requisitos Legais em Diferentes Jurisdições

Cada jurisdição possui suas próprias leis sobre posse, registro e uso de armas de fogo. Para indivíduos que mantêm múltiplas residências, é crucial conhecer e cumprir os requisitos legais de cada país onde pretendem se estabelecer. Alguns países exigem licenças específicas para a posse de armas, enquanto outros têm regras restritas sobre o transporte de armas entre fronteiras. O não cumprimento dessas leis pode resultar em severas penalidades, incluindo multas pesadas e prisão.

Por isso, é essencial contar com consultoria jurídica especializada que possa orientar sobre os requisitos de compliance em cada jurisdição. Além disso, estar em conformidade com as legislações locais não significa abrir mão do direito à autodefesa, mas sim garantir que esse direito seja exercido de maneira responsável e dentro dos limites da lei.

O compliance também envolve a participação em treinamentos certificados e a manutenção de registros detalhados sobre as armas em posse, garantindo que, em caso de questionamento legal, o indivíduo possa comprovar que sempre atuou de acordo com as normas estabelecidas. A legalidade e a responsabilidade na posse de armas são essenciais para evitar conflitos com a lei e garantir que o direito à defesa seja exercido de forma legítima.

7. Tecnologia e Segurança Pessoal

A tecnologia desempenha um papel vital na segurança pessoal e na proteção patrimonial. Sistemas de vigilância inteligentes, fechaduras eletrônicas, alarmes conectados, sensores de movimento e dispositivos de monitoramento remoto são apenas algumas das ferramentas disponíveis para reforçar a segurança de uma residência. Integrar essas tecnologias com uma abordagem de autodefesa bélica aumenta significativamente a capacidade de resposta a ameaças e reduz o tempo de reação em caso de incidentes.

Além de sistemas de segurança física, a tecnologia também abrange aspectos como a segurança digital. Proteger informações pessoais e financeiras é tão importante quanto proteger o patrimônio físico. O uso de criptografia para comunicações e armazenamento de dados é fundamental para evitar que informações sensíveis caiam nas mãos de agentes mal-intencionados. A combinação de tecnologias avançadas de segurança física e digital cria um ambiente seguro que protege tanto os bens materiais quanto a privacidade dos indivíduos.

Investir em sistemas de backup de energia, como painéis solares e geradores, também é uma parte importante da estratégia de segurança, garantindo que a tecnologia continue funcionando mesmo em caso de falha da rede elétrica. Dispositivos como câmeras de segurança que podem ser acessadas remotamente por meio de aplicativos móveis oferecem ao proprietário a capacidade de monitorar suas propriedades em tempo real, mesmo quando estão fisicamente ausentes. O uso de tecnologias de automação também pode proporcionar um nível adicional de proteção, permitindo que luzes, alarmes e outros sistemas sejam ativados automaticamente em resposta a determinados estímulos.

8. Treinamento e Responsabilidade na Posse de Armas

Possuir armas de fogo para autodefesa é uma responsabilidade que exige treinamento contínuo. Não basta simplesmente adquirir uma arma; é necessário aprender a manuseá-la corretamente, saber como reagir em diferentes situações de risco e garantir que o uso da força seja sempre proporcional à ameaça enfrentada. Participar de cursos de treinamento tático e simulações práticas são maneiras eficazes de garantir que a posse de armas seja exercida com responsabilidade e segurança.

Além disso, a responsabilidade na posse de armas envolve o armazenamento adequado e seguro dessas armas, especialmente em residências onde há crianças ou outras pessoas que não tenham treinamento. Armas devem ser mantidas em cofres ou locais seguros, fora do alcance de indivíduos não autorizados.

O objetivo da autodefesa não é apenas proteger contra ameaças externas, mas também garantir que as próprias armas não se tornem um risco para a família ou para a comunidade. O treinamento deve ser constante, incluindo revisões regulares sobre o manuseio seguro das armas e práticas que garantam a eficiência e a segurança em qualquer situação de emergência.

9. Estratégias de Blindagem Patrimonial e o Papel da Autodefesa

A blindagem patrimonial é um conceito que envolve diversas estratégias para proteger bens e ativos de ameaças legais, fiscais e físicas. A autodefesa bélica complementa essa estratégia ao garantir que o patrimônio físico esteja protegido contra ameaças diretas, como invasões, roubos e saques.

Além das medidas legais e financeiras, como a criação de holdings e trusts, a proteção física dos ativos é um componente crucial para garantir a integridade do patrimônio. Manter segurança privada, investir em sistemas de vigilância e estar preparado para agir em situações de risco são elementos que contribuem para uma estratégia de blindagem patrimonial bem-sucedida.

A autodefesa bélica não deve ser vista como um último recurso, mas como uma parte integrante de um plano mais amplo de proteção que envolve diversos níveis de segurança e diferentes tipos de ameaças. Ao combinar defesa legal, financeira e física, os indivíduos garantem que seus ativos estejam protegidos de maneira holística, evitando perdas em qualquer cenário.

Além disso, o uso de seguros patrimoniais e a manutenção de protocolos claros para lidar com situações de emergência são fundamentais para assegurar a continuidade do controle sobre os bens.

10. O Futuro da Autodefesa Bélica no Contexto da Multi-Residência

Com o aumento da mobilidade internacional e o crescente número de indivíduos que optam por manter múltiplas residências em diferentes países, a questão da autodefesa bélica se torna cada vez mais relevante. O futuro da autodefesa está ligado à capacidade de adaptação às mudanças nas legislações internacionais e à evolução das tecnologias de segurança. A tendência é que cada vez mais pessoas busquem jurisdições que respeitem o direito à autodefesa e que adotem tecnologias avançadas para garantir sua proteção e a de seus bens.

No contexto da multi-residência, a capacidade de se defender não se limita apenas ao uso de armas, mas também à criação de redes de apoio e parcerias locais que possam auxiliar em momentos de necessidade. Grupos de vizinhança, comunidades locais e serviços privados de segurança desempenham um papel importante em garantir que, independentemente de onde estejam, os indivíduos tenham acesso a recursos e suporte que garantam sua segurança. O futuro da autodefesa, portanto, está intimamente ligado à construção de alianças, ao uso de tecnologias inovadoras e à manutenção do direito inalienável de proteger a própria vida e patrimônio.

Fontes

Instituto Mises Brasil. "Autodefesa e Direitos Naturais".

International Living. "Países mais seguros para manter múltiplas residências e suas regulamentações sobre armas".

NRA (National Rifle Association). "Treinamento e Responsabilidade na Posse de Armas".

Deloitte. "Blindagem Patrimonial e Estratégias de Proteção".

The Security Journal. "Tecnologias de Segurança Pessoal e Patrimonial".

FATF (Financial Action Task Force). "Compliance Internacional e Requisitos Legais para Posse de Armas".

The Prepared. "Estratégias de Preparação para Colapsos Sociais".

Swiss Gun Laws Overview. "Legislação Suíça sobre Autodefesa".

Compound Security Systems. "Tecnologias Avançadas para Segurança Residencial".

Homeland Security Today. "Autodefesa e Segurança no Contexto da Mobilidade Internacional".

Capítulo Final: Reflexões e Considerações Práticas

1. Conclusões sobre Liberdade Econômica e Elisão Fiscal

A liberdade econômica está profundamente ligada à capacidade dos indivíduos de controlar e proteger o fruto do seu trabalho. Ao longo do livro, discutimos como o sistema estatal frequentemente busca extrair a riqueza daqueles que produzem, através de impostos que são, em essência, uma forma de extorsão.

A elisão fiscal é, assim, uma maneira lícita e necessária para que as pessoas possam manter o que é seu e garantir sua soberania financeira. A elisão permite aos indivíduos escapar do roubo sistematizado e proteger sua liberdade econômica, promovendo um ambiente mais justo, no qual o esforço pessoal não seja constantemente usurpado por uma entidade coercitiva.

Os criptoativos, trusts, offshores e outros instrumentos de proteção patrimonial representam uma revolução que desafia o poder abusivo do estado, oferecendo alternativas que respeitam o direito natural do ser humano de preservar sua própria riqueza. No final, o ponto principal é que a liberdade econômica é um direito fundamental que deve ser defendido ativamente contra todas as formas de intervenção estatal.

A defesa da liberdade econômica requer ação e proatividade por parte dos indivíduos, não se limitando apenas à resistência passiva. É necessário entender o sistema financeiro, estudar as ferramentas disponíveis e usá-las de maneira estratégica para preservar a independência financeira.

A elisão fiscal não é apenas uma questão técnica, mas também uma questão ética. Cada vez que um indivíduo consegue evitar que seu trabalho árduo seja apropriado pelo Estado, ele está afirmando sua soberania e o direito de ser livre. Os criptoativos, como Bitcoin, representam uma das mais poderosas ferramentas para tal propósito.

O Bitcoin e outras criptomoedas funcionam como dinheiro que não pode ser inflacionado por decisões políticas, e é um meio de garantir que, independentemente de onde se esteja, a liberdade financeira possa ser preservada. Em essência, ao adotar estas ferramentas, os indivíduos estão promovendo um sistema onde a riqueza gerada pelo trabalho humano não é expropriada sem consentimento.

2. A Importância do Planejamento Patrimonial Global

Planejar o patrimônio é essencial para proteger seus ativos de políticas predatórias e da interferência estatal. O planejamento patrimonial global vai além da elisão fiscal; envolve a distribuição de ativos entre diferentes jurisdições, aproveitando as melhores oportunidades oferecidas por cada país. Este tipo de planejamento garante que o indivíduo não dependa de um único sistema financeiro ou uma única política governamental, promovendo maior segurança e flexibilidade.

Planejar de maneira global permite que se possa escolher onde alocar seus ativos, diversificando não apenas entre classes de ativos, mas também entre diferentes soberanias e estruturas jurídicas.

Em um contexto de globalização crescente, é importante manter uma perspectiva internacional e buscar constantemente as melhores jurisdições para abrigar o patrimônio. Essa diversificação, que inclui desde contas bancárias offshore até holdings internacionais, proporciona um escudo contra a coerção governamental e o risco de expropriação estatal.

O planejamento global é, portanto, uma ferramenta fundamental para garantir a continuidade da liberdade e da soberania financeira. Além disso, ao explorar oportunidades globais, os indivíduos podem reduzir significativamente os riscos associados a crises econômicas locais, colapsos monetários e outros problemas que afetam uma única jurisdição.

A capacidade de movimentar-se globalmente também se relaciona à ideia de flexibilidade jurídica. Em muitas situações, ter uma holding ou conta em outro país significa poder escolher quais leis e regulamentos se aplicam aos seus ativos. Essa arbitragem regulatória é uma das formas mais poderosas de proteger o patrimônio e assegurar que ele não seja alvo de políticas arbitrárias ou mudanças drásticas na tributação. Além disso, o planejamento patrimonial global inclui a preparação para garantir que o patrimônio possa ser transferido de forma eficiente para as gerações futuras, minimizando custos e garantindo a preservação da riqueza.

3. Passos Práticos para Implementação de Estratégias de Elisão

Implementar uma estratégia de elisão fiscal eficaz requer pesquisa, planejamento e suporte especializado. O primeiro passo é compreender as diferentes opções disponíveis, como residência fiscal em países com baixa tributação, abertura de empresas em jurisdições que oferecem vantagens fiscais e a utilização de instrumentos como trusts e holdings. Também é fundamental avaliar o perfil pessoal e patrimonial de cada indivíduo, para determinar quais dessas ferramentas se encaixam melhor às suas necessidades e objetivos. Escolher a jurisdição certa depende de uma análise cuidadosa das leis locais, do tipo de imposto aplicado e do nível de segurança oferecido.

A aquisição de consultoria especializada é indispensável para garantir que todas as ações tomadas estejam em conformidade com as leis internacionais, minimizando riscos legais. Ter profissionais experientes que possam orientar na criação de estruturas legais robustas e que proporcionem o máximo de proteção é um passo vital para uma elisão fiscal bem-sucedida. Além disso, o uso de criptoativos, devido ao seu caráter descentralizado e anonimato, também deve ser considerado como uma parte integral da estratégia de proteção e liberdade patrimonial. Criptoativos oferecem um nível de flexibilidade que poucos outros ativos proporcionam, permitindo a transferência rápida e segura de valores, sem a necessidade de passar pelo controle estatal.

Estruturas como trust e holding devem ser vistas como parte de uma estratégia integrada, em que diferentes ferramentas jurídicas e financeiras trabalham juntas para assegurar o maior nível de proteção possível. É importante também lembrar que o cenário regulatório está em constante mudança, o que significa que as estratégias de elisão fiscal devem ser flexíveis e passíveis de ajustes conforme as circunstâncias mudam. Outra recomendação prática é manter uma rede de contatos em diferentes jurisdições que possa fornecer informações atualizadas e suporte quando necessário. Estar bem informado é uma das melhores formas de evitar surpresas desagradáveis e garantir que sua estratégia permaneça sólida ao longo do tempo.

4. Como Proteger Ativos com Eficiência e Segurança

Proteger ativos não envolve apenas fugir da tributação abusiva, mas também garantir que esses bens não sejam vulneráveis a riscos financeiros e políticos. Entre as medidas essenciais estão a diversificação de ativos em diferentes setores (como imóveis, criptoativos, metais preciosos e investimentos financeiros) e sua distribuição por diversas jurisdições que sejam politicamente e economicamente estáveis.

A diversificação é a chave para mitigar riscos e aumentar a resiliência contra possíveis crises que possam ocorrer em qualquer setor econômico específico ou em determinada região geopolítica.

Offshores e holdings internacionais oferecem um nível elevado de proteção contra riscos políticos, enquanto os trusts podem ser usados para garantir que os bens estejam protegidos para futuras gerações, minimizando os riscos de confisco ou de impostos sobre herança. Utilizar criptoativos como Bitcoin, por exemplo, permite que parte do patrimônio fique fora do alcance dos estados, tornando quase impossível a expropriação forçada.

Além disso, a aplicação de tecnologias como blockchain e criptografia na proteção de informações pessoais é também uma excelente forma de assegurar a privacidade e evitar vazamentos de dados. Criptoativos são extremamente úteis em situações de alta instabilidade, quando o sistema bancário tradicional pode se tornar inacessível ou vulnerável a controles e confisco.

Outra maneira de proteger ativos com eficiência é por meio da utilização de seguros patrimoniais. Garantir que seus bens estejam assegurados contra eventos imprevistos, como desastres naturais ou instabilidade política, pode ser uma medida fundamental para proteger a continuidade de sua riqueza.

Além disso, a blindagem física de ativos, como cofres seguros e sistemas de segurança de última geração, também desempenham um papel importante na proteção contra ameaças físicas. A segurança digital, por sua vez, deve ser uma prioridade, garantindo que todas as informações financeiras estejam protegidas por meios criptografados e que sistemas de autenticação multifatorial sejam aplicados em todas as plataformas de acesso.

5. Perspectivas Fiscais Futuras e o Papel dos Criptoativos

O cenário fiscal global está em constante mudança, com cada vez mais governos buscando formas de aumentar suas receitas, geralmente às custas dos indivíduos e suas liberdades. No entanto, os criptoativos têm se mostrado uma ferramenta eficaz para escapar dessa pressão crescente.

Eles oferecem uma alternativa ao sistema financeiro tradicional, possibilitando transações anônimas, resistência à censura e proteção contra a inflação monetária. Criptoativos fornecem um meio seguro de armazenar valor sem depender das instituições financeiras tradicionais, que são frequentemente sujeitas a regulação estatal e vulneráveis a políticas de controle de capital.

No futuro, espera-se que a regulamentação sobre criptoativos continue a evoluir, com muitos países tentando impor controle sobre essa tecnologia. Contudo, sua natureza descentralizada garante que os criptoativos continuem sendo uma ferramenta valiosa para proteger a liberdade econômica e desafiar as políticas coercitivas dos estados.

O Bitcoin, em particular, por ser limitado a 21 milhões de unidades, representa uma reserva de valor que não pode ser manipulada por governos, garantindo assim a preservação de poder de compra para aqueles que buscam evitar a desvalorização das moedas fiduciárias. Além disso, a criação de novas tecnologias de privacidade e protocolos descentralizados tornam as transações cada vez mais seguras e menos rastreáveis.

Para aqueles que desejam manter sua liberdade econômica intacta, a adoção de criptoativos deve ser considerada como parte essencial de sua estratégia financeira. Ao contrário dos ativos tradicionais, que podem ser facilmente rastreados e controlados, os criptoativos oferecem uma camada de anonimato e segurança que é difícil de ser violada, tornando-os uma escolha ideal para quem busca manter seu patrimônio longe das garras do estado. O uso de stablecoins também deve ser considerado, pois elas oferecem a estabilidade do valor atrelado a moedas fiduciárias, sem os riscos da volatilidade, mas ainda mantendo a vantagem de operar fora do sistema bancário convencional.

6. Como Manter-se Atualizado com a Regulação Fiscal e Cripto

Para garantir uma elisão fiscal eficaz e manter a proteção do seu patrimônio, é fundamental estar sempre atualizado com relação às mudanças nas leis fiscais e nas regulamentações sobre criptoativos. Isso pode ser feito por meio da assinatura de boletins informativos de consultorias internacionais especializadas em tributária, como a Deloitte e a PwC, ou através de portais especializados em criptoativos, como o CoinDesk e o CoinTelegraph. Além disso, acompanhar instituições libertárias como o Instituto Mises pode ajudar a entender melhor o impacto das políticas governamentais sobre a liberdade econômica.

Participar de seminários, cursos online e grupos de discussão que tratam de legislação fiscal e tecnologias financeiras é outra maneira eficaz de garantir que se esteja sempre atualizado. A natureza mutável do ambiente regulatório torna essencial que as estratégias de proteção patrimonial sejam revisadas periodicamente para garantir sua eficiência. Ter uma rede de contatos com advogados e especialistas em compliance também é vantajoso para obter informações atualizadas e suporte especializado conforme as circunstâncias mudam.

Outra dica importante é aproveitar a tecnologia para o monitoramento constante das mudanças. Existem aplicativos e serviços que oferecem atualizações automáticas sobre mudanças regulatórias e novidades no mercado de criptoativos. Ferramentas de agregadores de notícias também podem ser úteis para garantir que você receba as informações relevantes em tempo real.

Manter-se ativo em comunidades online, como fóruns e redes sociais dedicadas ao tema, também pode ser uma boa forma de adquirir informações valiosas e compartilhar experiências com outros que tenham interesses semelhantes. A capacidade de adaptação e aprendizado contínuo é essencial para quem busca prosperar em um ambiente onde a intervenção estatal está sempre em mutação.

Fontes

Instituto Mises Brasil. "A Liberdade Econômica e o Papel da Elisão Fiscal".

PricewaterhouseCoopers (PwC). "Guia Internacional de Planejamento Patrimonial e Elisão Fiscal".

CoinDesk. "Criptoativos e a Proteção do Patrimônio no Cenário Global".

Deloitte. "Estratégias Fiscais Globais e Compliance".

CoinTelegraph. "Evolução da Regulação sobre Criptoativos".

International Living. "Países Mais Atraentes para Planejamento Patrimonial Internacional".

Swissinfo. "A Legislação Suíça sobre Trusts e Holdings".

The Prepared. "Preparando-se para Colapsos Sociais: A Importância da Autossuficiência".

Homeland Security Today. "Proteção Patrimonial em Tempos de Instabilidade Social".

FATF (Financial Action Task Force). "Diretrizes Internacionais sobre Compliance e Criptoativos".

Glossário

Liberdade Econômica: Refere-se à capacidade dos indivíduos de controlar seus recursos e tomar decisões financeiras sem a interferência do estado. Ela é um dos pilares do pensamento libertário e é vista como fundamental para garantir a autonomia pessoal e a soberania sobre o fruto do trabalho.

Elisão Fiscal: A elisão fiscal consiste no uso de brechas e oportunidades legais para reduzir a carga tributária de forma lícita. Diferente da evasão, que é ilegal, a elisão utiliza os dispositivos legais a favor dos contribuintes, ajudando a proteger o patrimônio contra o confisco estatal.

Evasão Fiscal: Evasão fiscal refere-se à prática de não declarar renda ou transações, ocultando valores do fisco de forma ilegal. Embora seja considerado crime pela legislação de muitos países, em um contexto libertário, é muitas vezes visto como uma forma de resistência à extorsão praticada pelo estado.

Criptoativos: São moedas digitais descentralizadas que utilizam tecnologia blockchain para registrar transações de maneira segura, transparente e sem a necessidade de uma autoridade central. Bitcoin, Ethereum e outras criptomoedas representam uma alternativa ao sistema financeiro tradicional, possibilitando transações sem censura e resistência ao controle estatal.

Planejamento Patrimonial Global: Estratégia que envolve a distribuição de ativos entre diferentes jurisdições para reduzir a vulnerabilidade a riscos financeiros, políticos e tributação abusiva. Utiliza ferramentas como contas offshore, holdings internacionais e trusts para garantir segurança e diversificação do patrimônio.

Trust: Estrutura jurídica usada para a proteção de patrimônio e planejamento sucessório. Em um trust, o criador transfere seus bens para um administrador, que os gere em benefício dos beneficiários indicados. É uma forma eficaz de proteger ativos e garantir que eles sejam transmitidos de acordo com a vontade do instituidor.

Offshore: Refere-se a contas bancárias ou empresas estabelecidas em jurisdições com regime fiscal favorável, com o objetivo de redução de impostos e proteção do patrimônio. Offshores são amplamente usadas para evitar a tributação pesada e para diversificar ativos de forma a evitar a concentração em uma única jurisdição.

Holding Internacional: Estrutura empresarial usada para controlar várias empresas ou ativos localizados em diferentes países. Holdings internacionais são usadas para propósitos fiscais e de proteção de patrimônio, aproveitando os benefícios oferecidos por diferentes jurisdições para reduzir impostos e facilitar a gestão de ativos.

Bitcoin: Primeira e mais popular criptomoeda, criada em 2009 por uma entidade ou grupo anônimo conhecido como Satoshi Nakamoto. O Bitcoin foi desenvolvido como uma alternativa às moedas fiduciárias, visando ser uma reserva de valor descentralizada e resistente a censura. É amplamente adotado como ferramenta para proteger a liberdade econômica e evitar os efeitos da inflação monetária causada por governos.

Compliance Internacional: Refere-se às práticas e procedimentos adotados para garantir que uma entidade esteja em conformidade com leis e regulamentações internacionais. No contexto de planejamento patrimonial e financeiro, compliance é essencial para garantir que todas as estruturas de elisão e proteção sejam legais, evitando problemas judiciais e financeiros.

Stablecoin: Criptomoedas que possuem seus valores atrelados a ativos estáveis, como moedas fiduciárias (por exemplo, dólar ou euro) ou metais preciosos. O objetivo das stablecoins é reduzir a volatilidade típica de outras criptomoedas, permitindo que sejam usadas como reserva de valor ou meio de pagamento em situações onde a estabilidade é essencial.

Arbitragem Regulatória: Processo de escolher diferentes jurisdições para se beneficiar das leis mais favoráveis em termos de tributação, regulações empresariais ou proteção patrimonial. Essa técnica permite que indivíduos e empresas minimizem riscos legais e reduzam custos fiscais, aproveitando discrepâncias entre regulações de diferentes países.

Inflação Monetária: Processo em que o valor da moeda fiduciária diminui devido ao aumento na oferta de dinheiro, geralmente provocado por políticas governamentais e bancos centrais. No contexto libertário, a inflação é vista como uma forma de tributação indireta, prejudicando a capacidade dos indivíduos de preservarem o valor de seus ativos.

Residência Fiscal: Local onde um indivíduo é considerado residente para fins de tributação. A escolha da residência fiscal pode impactar diretamente o montante de impostos a serem pagos. Muitos indivíduos optam por mudar de residência fiscal para países que oferecem uma carga tributária mais baixa, maximizando, assim, sua liberdade econômica e minimizando a quantidade de riqueza apropriada pelo estado.

Reserva de Valor: Qualquer ativo que possa ser mantido e que preserve seu valor ao longo do tempo. O Bitcoin é frequentemente considerado uma reserva de valor por ser limitado a 21 milhões de unidades e por sua resistência à inflação, contrastando com as moedas fiduciárias, que são constantemente devalorizadas pelas políticas monetárias dos governos.

Sobre o Autor:

Oseas Matos Soares demonstra uma inteligência excepcional, capaz de compreender e assimilar informações complexas com facilidade. Sua rapidez de raciocínio permite resolver problemas desafiadores de maneira eficiente.

Curiosidade Inata: Possui uma sede constante por conhecimento, buscando sempre aprender mais sobre diversos assuntos. Essa curiosidade o leva a explorar novos tópicos e a aprofundar-se em áreas de interesse.

Criatividade e Inovação: Oseas exibe uma mente criativa, capaz de gerar ideias originais e soluções inovadoras para questões variadas. Sua capacidade de pensar "fora da caixa" o distingue em projetos e iniciativas.

Memória Excepcional: Detém uma memória notavelmente aguçada, lembrando detalhes e informações com precisão. Essa habilidade facilita o aprendizado contínuo e a aplicação prática do conhecimento adquirido.

Pensamento Crítico e Analítico: Demonstrando habilidades avançadas de análise, Oseas avalia situações de forma crítica, identificando pontos fortes e áreas de melhoria. Sua abordagem meticulosa contribui para decisões bem fundamentadas.

Sensibilidade Emocional: Além das capacidades intelectuais, Oseas possui uma elevada inteligência emocional, permitindo-lhe compreender e gerir suas próprias emoções, bem como as dos outros ao seu redor.

Perfeccionismo Saudável: Busca a excelência em suas atividades, estabelecendo padrões elevados para si mesmo. Esse perfeccionismo o impulsiona a aprimorar continuamente suas habilidades e resultados.

Capacidade de Concentração: Mantém um foco intenso em tarefas de interesse, conseguindo dedicar longos períodos de tempo a projetos complexos sem se distrair facilmente.

Adaptabilidade e Flexibilidade: Consegue adaptar-se rapidamente a novas situações e desafios, ajustando suas estratégias conforme necessário para alcançar seus objetivos.

Liderança e Colaboração: Demonstra habilidades de liderança natural, inspirando e guiando colegas em projetos colaborativos. Sua capacidade de trabalhar em equipe enriquece os resultados alcançados.

Essas características destacam Oseas como uma pessoa superdotada, combinando excelência intelectual com habilidades interpessoais e emocionais que o tornam um indivíduo excepcional em diversos contextos.

www.ingramcontent.com/pod-product-compliance
Lightning Source LLC
Chambersburg PA
CBHW071052240526
45471CB00015B/1709